高田好胤

親の姿 子の心

高田好胤法話選

大法輪閣

親の姿 子の心

――高田好胤法話選――

【目次】

目次

目　次

装丁　マルプデザイン・清水良洋

一　喜んで感謝する心の養いを

自我と無我、知識と智慧

ちかごろ地獄や極楽、そして来世を打ち消すことが現代人の教養であり資格であるとしか思えぬ人が随分とふえてきています。その原因は、やはり教育にあると思います。

西洋の近代の歴史は自我の発見の歴史です。その影響をもろにかぶって、戦後日本の教育はそれまで生き続けていた無我と智慧の養いを忘れて自我と知識の教育に変りました。従って、今日《こんにち》の学校には自我と知識の教育はおねがいできても、無我と智慧の養いをおねがいすることはとてもできません。本来、教育の場において大切な建物は講堂でした。それが今は体育館になっています。文部省の方針でも体育館の建設には補助金が出るそうですが講堂には出ないと聞いています。体育館はあくまでも飛んだり跳ねたり踊ったり、エネルギーを外に発散させて健康な肉体をつくる所です。講堂は外に発するエネルギーを内にしっかりと貯え、人格を陶冶《とうや》するのが目的です。このように使用目的の全く違う二つの建物を混同して、講堂で行うべき式典や祝典などを含めた行事が現在は体育館で行われるのが普通です。これは極端な喩《たと》えでありますが、色がよく似ているからといって味噌と糞を一つにこねているような有様であると申せましょう。こうした教育の場において自我と知識の教育はおねがいできても、無我と智慧の養いのおねがいはできようはずはありません。

この自我と知識から生まれてくるのは不平、不満と権利の主張です。無我と智慧から生み出されてくるのは「有難いことで」、「おかげさまで」、「勿体《もったい》ない」、そうした喜んで感謝する心の養いです。どんなに豊かなものに恵まれても、喜んで感謝する心の養われのない人は一生経回《へめぐ》っても幸せにめぐり合うことのできない人です。チルチルとミチルという二人の子供が幸せの青い鳥を探し求めて世界中を遍歴するけれども、どうしてもめぐり合うことができず、結局目がさめて、我が家の鳥籠の色あせた鳥が幸せの青い鳥であったと気がついたというあの有名な「青い鳥」で、作者のメーテルリンクは喜んで感謝する気持の中からこそ幸せの青い鳥が生まれてくるのだということを教えてくれています。

いただいた食べ物は、口の中で歯牙や唾液などによって咀嚼《そしゃく》され、胃液によって消化されて体力を養ってくれるように、外から吸収された知識や自我は、無我と智慧によって咀嚼され消化されて、人々の精神力に生まれ変るのです。つまり自我を生かしてくれるのが無我であり、知識を磨いてくれるのが智慧です。昔から知識は吸収する、智慧は磨くといいますね。この智慧と知識、無我と自我の調和が大切であることを知らねばなりません。

ところが今は戦後の教育を受けて育ってきた親の自我と知識、そして子供が学校からもらって帰る自我と知識、その親と子の自我と自我、知識と知識が対立し衝突し合って大きな魔物をつくり出し、それが家庭内に、さらに社会にとひろがって種々の混迷と悲劇をひきおこす原因となっている、そんな気がするのです。だからこそ世の親達がそれに気づいて無我と智慧を学んで身につけ、各家庭内において無我と自我、智慧と知識の調和を心がけねばならぬ時です。喜んで感謝するあたたかな情操の養われていない子供に高等学校だ大学だといくら知識をつけても、言うなればそれは知識魔をつくっているばかりです。自我と知識のかたまりで知識癌をつくっているのです。これでは、この知識魔ゆえに悩まされねばならない親御さんがこれからの世の中にますます溢れてくるばかりでしょう。またみずからもこの知識の癌ゆえに苦しんでいるのです。この知識のなかにつくっている癌を溶かしてくれる薬をいただかねばなりません。

もつ人の心によりて宝ともあだともなるは知識なりけり

と申します。喜んで感謝する心があるか否かによって、子供達が学校からいただいてくる知識が人生の宝ともなれば、あだにもなりかねません。

お釈迦さまは、そうしたことを踏まえて「水を飲んで蛇はこれを毒にする、水を飲んで牛はこれを乳にする」と私どもに教えて下さっています。受け取り方の訓練、生かし方の訓練、これが宗教的訓練、宗教的心というものです。同じ一つのものを受け取っても、喜んで感謝してそれをいただいている親の姿を見て育った子供と、不平不満で受け取っている親の姿を見て育つ子供とでは、やはり心の養われ方が違ってくるのは火を見るよりも明らかでしょう。とにかく、自我と知識によってすべてをわり切って判断できると思い上っている今こそ「民《たみ》、威《い》を畏《おそ》れざれば大威至《たいいいた》る」です。これは中国の思想家・老子さまのお言葉で、人々が畏敬の念を、そして慎み深さを忘れるならば大変な天罰が天下ってくるという、自我と知識に偏って思い上がった私達現代日本人への痛烈な警鐘です。

目に見えないおかげに支えられて——冥加《みょうが》ということを考える

冒頭に申しました地獄や極楽、そして来世を打ち消す事が現代人の教養であり資格であるとしか思えない、これは全く思い上がりです。皆さん方、地獄、極楽、そして来世が本当にないとお思いになりますか。地獄、極楽はともかくとして、私達の可愛い子供や孫や曾孫《ひまご》、その曾孫の子供や孫、これが少なくとも確実な私達の来世ではないですか。この確実なる来世をさえも来世だと思うことができないほど、今私達は自我と知識から発するエゴイズム（利己主義）におかされています。

私達の可愛い子供、孫、曾孫を、その来世のあたたかい極楽の世の中に住まわせてあげるのか、恐しい地獄の世の中に陥《おとしい》れていくのか、それは現在の私達の行為が決めるのです。その行為のことを仏教では業《ごう》と言います。業には身業《しんごう》（体でする行為）、語業《ごごう》（口で話す行為、また口業《くごう》ともいいます）、意業《いごう》（心の中でいろいろ思いめぐらす、これは心の行為です）があります。この身・語・意の三業《さんごう》が、私達の来世を地獄にするか極楽にするかを決めるのです。この業については説明はまたのちほど詳しく申し上げます。また地獄については後の章で少し詳しくお話しいたします。

私達の先祖は、地獄の思想で倫理観・道義心を支え、極楽の教えであたたかい思いやりの心を養い、すなわち宗教的情操の涵養《かんよう》をはかってきました。その地獄、極楽そして来世を私達が等閑《なおざり》にしているために、今の世の中をどんなに道義心の失われた、思いやりの心にかけた、そして自分達さえ、今さえよければいいという刹那《せつな》享楽的《きょうらくてき》な世の中に陥れていることでしょうか。そう考える時、地獄、極楽、来世を打ち消して否定することが決して現代人の教養でもなければ資格でもないのだということを深く自覚していただきたいのです。

私どもはとかく目に見えるところだけで人生を考えがちです。この見えるところは、はかり知れない目に見えないおかげで支えられています。この目に見えないおかげを冥加《みょうが》と申します。顕加《けんが》は目に見えるところのおかげです。顕加には感謝もでき、お礼も申しますが、この顕加をあらしめている冥加の世界に気づかせて下さるのが神仏のお導きです。

ある詩人は信仰・宗教は目に見えないものに対するあたたかい愛情の養われの場であると言われました。最近、私は『観音経法話』（講談社刊）と題して上・下巻及び偈頌《げじゅ》の巻とあわせて三巻で完結の著述を出版いたしました（現在は大法輪閣より『高田好胤「観音経」法話』『続・高田好胤「観音経」法話―偈頌の巻』として刊行）。ある会合での約十年間の講義を纏《まと》めたものですが、この観音経は普門品《ふもんぼん》という呼び名で親しまれているお経で、観音さまが私ども衆生《しゅじょう》の身になり心になり切って、あたたかい御慈悲をもって法をお説きになって下さるのを、無尽意《むじんに》とおっしゃる菩薩さまが私どもの身になりかわって聴聞《ちょうもん》して下さる、という形で、お釈迦さまが観音さまの智慧と無我の実践をお説き下さっている、きわめて具体的な経典です。この観音経法話をよんで下さったある大きな会社にお勤めのお若い係長さんから、「職場でのぎすぎすした人間関係を滑《なめ》らかに溶かして下さるお薬をいただいた思いです」との感謝の思いをひそませた感想に接しました。これは自我と知識のみの家庭生活、社会生活、職場での生き方に、無我なる心の働きを学んで下さったということではないかと思いました。

躾《しつけ》は親の姿を通して

子供の躾はいつ頃から始めるべきかをナポレオンに尋ねた人があったそうですが、その問に対してナポレオンは「その子供のおばあさんの三代遡《さかのぼ》った所から始めねばならない」と答えたという話をいつか聞いたことがあります。こんなことを言われたら、私どもはすべて手遅れです。しかし手遅れだなどと思わないで下さい。「父母の病あつくして医薬の効なきを知りてもなお治療につとむるはこれ人情の常にあらずや」です。どうか手遅れと思わずに、子供から孫、曾孫《ひまご》、さらに曾孫の子供や孫という来世に向かって、人間としての正しい躾をほどこすことを考えてあげてほしいと思います。

現代は個性尊重の時代だからとそれをふりかざして、持って生まれた子供の個性を伸ばしてやるのが親の務めであるとばかり、躾《しつけ》を身につけ訓練を施すこともしないで、それがあたかも個性尊重であると思い違いをしている親御さん達が多いようです。どうかよくお考えになってみて下さい。訓練のない所には個性はございません。個性は訓練によって磨き出されてくるものです。訓練なき所で個性だと思っているのは実は野性です。個性尊重という名のもとに個性を冒涜《ぼうとく》しているのが今の時代です。

孔子さまのお言葉を集めた『論語』の中に「性《せい》は相近《あいちか》し、習《なら》えば相遠《あいとお》し」とあります。もって生まれた性質、また人としての値打ちは皆が似たりよったりで、さほどの違いはない。しかし、よい習慣、躾を身につける訓練によって人々の値打ちに千差万別が生まれてくるとの教えです。私達はやはり来世に向かってよい習慣、訓練を子供や孫の身につけてあげる、つまり、親たち自身が自分の姿を通してよい習慣を子供の中にほどこしていく、これが私達の来世にむかっての正しい営みであります。

生きていること、死んで後のこと

ところで、来世というと死後の霊魂を信じる事なしに宗教は成り立たないと考える人があります。ところがお釈迦さまは霊魂の有無《うむ》などについてはお答えにはなりませんでした。またこの問題は、一般論として軽々しく論ずべき問題ではないと思います。箭喩経《せんゆきょう》という古いお経の中に、次のようなお話が出てまいります。

お釈迦さまが祇園精舎《ぎおんしょうじゃ》におられた時のこと、大変理智に富んだ鬘童子《まんどうじ》というお弟子がいて、「全体この世界は永遠なるものだろうか、それとも我々人間同様無常なものなのだろうか。有限か無限か。また我々人間の霊魂は死後滅するものなのだろうか、不滅なるものなのであろうか」など、彼はこんな形而上学的な問題に極めて興味を抱く青年でした。ある日、彼は思いあまってお釈迦さまのもとに参じまして、これについての明確なお言葉を聞いたことがないと不満をならべました。その時にお釈迦さまは次のような譬話《たとえばなし》をされました。

「ここに毒箭《どくや》に射られて苦しんでいる人がある。親戚、知己が集まって直ちに医師を呼びよせ、その毒箭を抜いてもらおうとした。ところがその男はそれに応じようとせずに言うには、この箭《や》はだれが射たのか、何処から射られたものなるや、これを射た弓は木製なのか竹製であるのか、はたまた鏃《やじり》はいかに、またこれを今抜かねばどうなるのであろうか。これらがはっきりとしなければ、この箭を抜いてもらうことは承諾できないと。もしこういう人がいたとすれば、これは何という愚か者であろうか。そんなことを言っている間に、箭の毒は体じゅうにまわって命をおとすではないか。事はきわめて切迫している。この場、ことここに至っているのに、弓矢の詮索になど、とやこう言うていられようか。今我々の現実もまたこれと同じである。何をおいてもまずさし迫った問題であるところの苦悩の解《げ》脱《だつ》が肝心で、それ以外に何の余裕があって無駄な理論沙汰に拘《かか》わっていられようか。私が死後における霊魂の有無や滅、不滅などの問題に触れないのは、それが苦悩の解脱に何ら適する所がないからである。ここの道理をよく弁《わきま》えて、いたずらに要のない浮薄な戯論《ぎろん》に滞っていてはならぬ」と。

このように、お釈迦さまの教えはまことに現実的です。実践に縁遠い理屈の沙汰などは、まさにこれをおいて顧みられる所がなかった、言うなれば道理から外れた無駄なことには一切手をお出しにならなかったということです。これは決して死というものを無視しておられたわけでありません。そういうことを考える前に、今生きている道をしっかりと見きわめて苦悩の解脱をはかることに努めるべきであると教えて下さっているのです。

孔子さまの『論語』の中にも「未だ生を知らず、焉《いずく》んぞ死を知らん」と出てきます。まだ生きている人間の道をさえわきまえない私どもが、どうして死後のことなどわかろうか、死後のことをとやかく空理空論に耽《ふけ》るよりもその前に今生きている生そのものを知らねばならない、しっかりと今を真面目に生きることが大事なのだよということです。けれどもまた同じ『論語』に「凶服《きょうふく》の者には之れに式《しょく》す」とあります。孔子さまは喪服の人に出合われた時には必ず自ら乗っている車の前にある横木に手をついて礼をされたという意味で、人間の命は死あることによって敬わねばならぬと教えておられるのです。

来世は決して単に死後の世界ばかりを中心に考えるべきものではありません。神仏はもちろん、亡くなられた人のお命を敬して、丁寧に死者に対するまつりごとを営むことは当然大切ですが、またそれが現実に生きる、生かしていただいているこの現世に大きく意義あらしめて下さっているところをも、しっかりと把握していただかねばなりません。そしてそのまつりごとをすることが、私達の可愛い子供や孫や曾孫、その曾孫の子供や孫、そういった来世を恐ろしい地獄に陥れることなくあたたかい極楽の世の中に住まわせてあげることにつながっていくという、まつりごとが私どもの生活に働きかけてくれるその有難い意味合いを、しかと受けとめていただきたいというのが私のねがいなのです。

それでは、次の章では来世をどのように導くのか、それを決める業《ごう》ということ、その業のすべてを貯えている阿頼耶識《あらやしき》という大きな大きな心識《こころ》の蔵があるのですが、それについてのお話をしてみようと思います。

二　意識も行為もすべて心の中に残っていく

行為は心のどこに残っていくのか

皆さん方よくご存知の中国唐代の詩人、白楽天《はくらくてん》が杭州の知事となって赴任してきた折、西湖付近の山中に住んでいた名声高き道林禅師を訪ねました。その時、「仏教の大意を承りたい」と白楽天が質問したのに対して、禅師は「諸悪莫作《しょあくまくさ》　衆善奉行《しゅぜんぶぎょう》　自浄其意《じじょうごい》　是諸仏教《ぜしょぶっきょう》」とお答えになりました。「諸々の悪をなす莫《なか》れ、諸々の善いことは奉じ行なえ、自らの心を浄らかにせよ、これが諸仏の教えである」、という意味です。

これはお釈迦さまをはじめ、釈尊以前に出られた六人の仏さますべてが共通してお説きになった教えであるところから、七仏通誡偈《しちぶつつうかいげ》といわれて余りにも有名な偈なのです。この余りにも平凡な答えに白楽天はいささかむっとして腹を立てたのでしょう。今さら、この俺にとでも思ったのでしょう。「そんなことはあらためて聞かなくても三つ子でもよく知っていることだ！」と言い放ちました。すると禅師は「三つ子の知っているようなことでも白髪の老人で実行出来ぬ場合がいくらでもあるではないか。実行を欠いてはそれは仏教ではないのだ」と言われたのです。白楽天は感服して、その後深く禅師に帰依《きえ》して種々の教導を受けたということです。

　このように、仏教の教えは必ずしも理論的、哲学的といった難解なところにあるのではなく、日々の生活の中にそれを実践、修行する所にあるのだということがよくわかっていただけると思います。この実践の徳目を六つにわけて説明しているのが六波羅蜜《ろくはらみつ》という仏道精進の道です。また悟りへの道を八つにわけて説かれている八正道《はっしょうどう》という教えなど、いずれも極めて日常的な生活の中での実践が主眼におかれている修行方法です。

　それでは、私達の来世を決める身・語・意の三業《さんごう》について〈阿頼耶識《あらやしき》〉を中心にお話をさせていただきたいと思います。

　業《ごう》とは私達みんなが体で行なう身業《しんごう》、言葉で語る語業《ごごう》（口業《くごう》ともいう）、心であれこれ思いをめぐらす意業《いごう》をひっくるめたすべての行為をいいますが、こうした行為は行なうと同時にその場ですぐに消えてなくなってしまうものだと誰もがそう思っています。しかし、決してそうではありません。たとえば何ひとつ証拠を残さずに人を殺す、あるいは全く証拠を残さずに品物を盗んだ場合、全く他人に気付かれることはないと私達は思うでしょう。ところが私達の行為はすべてそれを行なった人の心の中に印象として刻みこまれるのです。ただ心で思っただけのことでもまた心の中に印象として記憶されてゆきます。それのみならず無意識に行なっている行為もやはり記憶の中におさめられてゆくのです。裁判でたとえ無罪の判決が下っても、それが本当に無罪であればいいけれども、罪を犯していながら、無罪となって放免された場合でも、被告自身の心の中に犯した罪はしっかりと印象として刻みこまれているのです。そしてそれがその人の人格を形成してゆきます。

とすれば、私達の行なったすべての行為は心の中の一体どこに残るのか、それを説くのが唯識《ゆいしき》なる仏教です。この教えによると、すべて〈阿頼耶識《あらやしき》〉にたくわえられていると語ります。

私ども薬師寺は、現在日本に残っている宗派の中で一番古い法相宗《ほっそうしゅう》の大本山です。この法相宗は唯識という教学に依って成立した宗派です。それは中国唐代の高僧、玄奘《げんじょう》三蔵（『西遊記』に登場される三蔵法師として親しまれているお方です）がインドで学び、伝えられた仏教です。

唯識の識は心ですが、しかし心には仏の心もあれば私ども凡夫の心もあります。み仏の心を智慧、私ども凡夫の心を知識と使いわけます。識は私どもお互い凡夫の心です。私どもはお互いに自分自身の心の働きの上に自分の世界をつくり出しています。ですから唯心といわず唯識と申します。唯心の方が範囲がひろくなります。仏の智慧は仏の心です。一切が平等である慈悲に潤《うるお》わされた智慧の輝きです。我他彼此《がたぴし》と自我の差別にわずらわされているのが私どもの知識です。ですから知識の知は智ではなく知の下にお日さまがありません。この唯識仏教の教えでは、私達人間の心を八つに分けて説明致します。一、眼識《がんしき》（視覚）、二、耳識《にしき》（聴覚）、三、鼻識《びしき》（嗅覚）、四、舌識《ぜっしき》（味覚）、五、身識《しんしき》（触覚）、この前五識、そして第六意識《いしき》、さらに第七に末那識《まなしき》、第八に阿頼耶識《あらやしき》があります。前五識だけでは物事が総て認識出来るかというとそうではなく、六番目の意識が働かないことには認識は確立いたしません。それはそうでしょう、いくら眼識が働いても見ようとする意識が働かなければ何を見ているのか分からないし、耳識が働いても聞こうとする意識がなければ、何を聞いているのか分りません。これが心ここにあらざれば見れども見えず、聞けども聞こえず、食すれどもその味わいを識らずです。声を聞いてもその声が男の人の声であるか女の人の声であるか、よい声か悪い声か、若い人の声であるのか、お年寄りの声であるか、これらを判断するのは、第六意識のはたらきです。

この第六意識の奥には末那識《まなしき》と阿頼耶識《あらやしき》があります。眼識、耳識、鼻識、舌識、身識この五識をひっくるめて前五識《ぜんごしき》と申しますが、さらに第六の意識をも含めて前六識と呼びます。この前六識が顕在意識であるのにたいして、末那識と阿頼耶識の二つの識は潜在意識であり、深層意識です。西洋の心理学では六番目の意識までは説かれていますが、末那識、阿頼耶識は説かれていません。それが千六百年以上も昔にすでにインドで研究され、体系化され組織づけられた説明がなされているのです。

無限大の心の容れもの

ところで唯識《ゆいしき》の教えにおいて大切なことは、この二つの潜在意識を究《きわ》めて心の仕組みを深く掘りさげて、おのが心の奥底を観察して、宗教的な覚醒をうながすことにあります。この二つ、中でも一番根底にあるのが阿頼耶識です。この阿頼耶識は私達の生命の流れそれ自体であるともいうべきものです。阿頼耶識の阿は無限大をあらわす文字です。阿弥陀さまの阿です。頼耶はものを貯える容《い》れものです。蔵を意味する言葉です。〝ヒマラヤ〟というあのラヤが頼耶です。ヒマは雪です。雪の山がヒマラヤです。

この阿頼耶識は、大きな大きな、無限大ともいうべきほど大きな心の容《い》れもの（蔵）です。この蔵なる識には私どもが行為したあらゆる行為（業）の記憶が貯えおかれています。つまり、善、悪、無記（善でも悪でもない事）ともども、私達の行為のすべてが、無意識のうちに行為したものも含めて蓄積されている所、それが阿頼耶識です。

専門的な言葉でもう少し詳しく説明しますと、私達が体験、経験した身、語、意でなしたすべての行為は、阿頼耶識という無限大の心の蔵の中に納められています。また納められてゆきます。私達が身、語、意でなしたすべての行為を現行《げんぎょう》といいます。現実になした行為です。この現行は阿頼耶識の中に種子《しゅうじ》として植え付けられるのです。この行為（現行）の記憶、痕跡が阿頼耶識の中に積集されるのです。この植え付けられることを薫習《くんじゅう》されると申します。この現行が種子として、阿頼耶識に薫習するのを現行薫種子《げんぎょうくんじゅうし》といっています。

この種子《しゅうじ》が未来にむかっての潜勢力となり、可能性となります。そして阿頼耶識の中でじっと固定しているのではなく、常に新陳代謝を繰り返して次の行為を生み出す力を維持しながら、阿頼耶識の中に納められています。こうして種子が種子として新陳代謝を繰り返しつつ生き続けている自続作用を種子生種子《しゅうじしょうしゅうじ》と申します。種子から種子が生じ、また種子から種子が、と繰り返し生じ続ける、これを自類相続と申します。一秒の七十五分の一を一刹那《いっせつな》（仏教で最も短い時間の単位）と申しますが、その一刹那の間に九百回、刹那《せつな》生滅《しょうめつ》（新陳代謝）を繰り返して、種子生種子を変転極まりなく続けているのです。

その種子は現行《げんぎょう》する働き、すなわち縁という力や条件の働きかけられた時に行為として現行致します。これを種子生現行《しゅうじしょうげんぎょう》といいます。それを喩《たと》えて申しますと、古い蔵の中で日の目を見ることなく眠り続けていた籾《もみ》が何百年も経った後、外に出されて大地に蒔かれ、大地の養分、肥料、そして太陽の光や雨風など天地のお恵みをいただいて、籾はみごとに生長して稲の花を咲かせお米をみのらせました。この籾はその昔、蔵の中に現行熏種子されたものです。それが何百年もの間、種子生種子を絶え間なく蔵のなか、容器のうちで繰り返して生き続けていたのです。それが原因を結果に導き出す働き、力、条件などこれを縁というのですが、この縁を得てやっと日の目を見て、種子が現行いたします。これを種子生現行と申します。

このように現行熏種子——種子生種子——種子生現行という過程を絶え間なく相続し続けていくのが阿頼耶識と種子、そして種子と現行の関係です。

初恋の思い出

ところで一寸《ちょっと》唐突のようですが、この現行熏種子・種子生種子・種子生現行の展起に因《ちな》んで思い出した話を、恥ずかしながら聞いていただきます。

『西遊記《さいゆうき》』の中に登場する三蔵法師として親しまれておられます玄奘《げんじょう》三蔵がおかくれになったのは西紀六六四年二月五日で、昭和五十九年は千三百二十年忌の年にあたりました。その年は甲子《きのえね》の年でしたが、玄奘三蔵の亡くなられた年も甲子の年でありました。そこで、私どもは玄奘三蔵千三百二十年忌法要を三蔵さま唯一の著書ともいうべき『大唐西域記《だいとうさいいきき》』などに基づく三蔵ゆかりの土地のそれぞれにおいて厳修《ごんしゅう》すべく中国への旅に上りました。薬師寺では先年、玄奘さまのご頂骨《ちょうこつ》を埼玉県岩槻市にある古刹《こさつ》慈恩寺の十三重石塔から御分骨をしていただきました。現在そのご頂骨をおまつりする玄奘三蔵院伽藍《がらん》を建立中（平成三年に竣工）ですが、それに先がけてご頂骨を奉持して、玄奘三蔵のお里帰りを兼ねて千三百二十年忌法要の旅でもありました。三蔵さまにゆかりが深い洛陽の龍門石窟の奉先寺でさせていただいた法要のあとでの思いもかけなかった話なのです。

龍門石窟の大仏さまは頭部だけでも四メートルもあり全身十七メートルをこえる盧遮那《るしゃな》仏《ぶつ》でいらっしゃいます。則天武后《そくてんぶこう》（唐の高宗の皇后、後に自ら即位、則天大聖皇帝と称した）をモデルにしたといわれるそれはとてもお顔立ちの美しい仏さまです。この仏さまの前の広場で洛陽での玄奘三蔵千三百二十年忌法要を修め、記念撮影も済ませて、その場を後にしつつあった時でしたが、お同行のお一人であります倍巌良舜《ばいがんりょうしゅん》師から、「あの仏さまのお顔をもう一回とくと見てもらいたい」と声をかけられました。ふり返って眺めている私に今度は、「乾《いぬい》さんとよう似てはりますな」と。何のことかと聞き直す私に、「乾幸子さんと似てはりまっせ」とおっしゃるのです。それでやっと理由をのみこめて、「そう言われてみればなるほど似てられますな、ほんまに」と私も答えたことでした。実はこれについては私が龍谷大学に入学早々の昭和十六年の学生時代に遡っての話を聞いてもらわねばなりません。どうか御辛抱の程おねがい申し上げます。

倍巌さんとは昭和十六年、龍谷大学に入学して以来今日に至る迄、兄弟のようなおつき合いをしている仲です。倍巌さんの方が二年上級生で、奈良市十輪院町にある融通念仏《ゆうづうねんぶつ》宗《しゅう》の法徳寺という寺に生まれ、この寺の十一月十五日のお十夜法要にお参りしてあずき粥をいただくと中風除けの呪《まじな》いになるとして親しまれている、そのお寺の住職さんです。仏蹟巡拝や慰霊法要にもたびたび御一緒するお同行です。

さて、私が龍谷大学へ通うには、私の住む薬師寺のある近鉄西ノ京駅から二つ目の西大寺駅で京都行の急行に乗り換えて京都まで行くのです。大学予科一年、数え年十八歳の時でした。京都行の急行電車に毎朝同じ時間に乗り合わせる大勢の女学生の中に、いつとはなしに一人の女学生の存在が気になりはじめました。もう朝起きるとその女学生のことがまず脳裏《のうり》に浮び出てきます。何としてでも同じ電車に乗り合わせたい、ということで朝の勤行《ごんぎょう》を、そして一所懸命に掃除をして朝食をすませて急いで寺を出るのですが、電車に乗る前からもう胸がドキドキして、京都行電車に乗ると今度はその女学生がいるかどうか気になってしょうがない。といって話をする勇気もなければ彼女のそばへ行く度胸もなく、ただ遠くからボーと眺めているような有様でした。こんなことは私にとって初めての経験なので、何が何だか分らず、やはり同じ電車で通学していた倍巌兄貴に、思いのうちを打ち明けました。すると、「高田、そりゃお前、恋をしているんだ」と、こともなげに言われました。

私達の中学時代は学校へ通う電車に乗るにも男子中学生は前の車輌、女学生は後部の車輌と決められていて、学校の登下校の途中、異性と話をするなど一切禁じられていた時代でしたから、恋というものをどちらかといえば一方ではあこがれながらも罪悪視していた、というよりもむしろさせられていた環境でしたので、「僕は恋なんかそんな悪いことはしていない」と弁解したのでした。今から考えるととても信じられないような本当の話です。その翌日、倍巌さんは「恋は何も悪いことではない、これをよめ」と私に一冊の本を与えてくれました。武者小路実篤著『人生論』でした。その中に「恋愛とは人生の喜びである。花である、詩である、歌である……」といったことが書かれてありました。なるほどそんなものか、こんな気持になることが悪いことである筈がない、と思い開きました。これが私が恋に目覚めた最初であります。

そうこうするうちに、彼女は四年制の女学校三年生で、卒業すれば結婚する相手がきまっているということがわかりました。しかし、恋に対して幼かった私ですから、ショックらしいショックは感じませんでした。ところがある友人は淡き恋に破れた私と察してくれたのか、ゲーテの『若きヴェルテルの悩み』をよむようにと与えてくれました。ヴェルテルが恋する麗《うるわ》しの乙女ロッテにはすでに婚約者があるという有名な小説であります。こうしたことをきっかけに私はその他いろいろな小説や哲学書、そして万葉集や伊勢物語など日本の古典にも親しむようになりました。ですから読書の喜び、楽しみを教えてくれたのは、この初恋のおかげでありました。

日時は流れていよいよ初恋（ひとりよがりのですが）の相手が女学校を卒業する日が近づいてきました。そうなるとせめて一言でもいいから彼女の声だけでも聞きたいという思いが胸の底からこみ上げてきました。私は何とか話し合えるチャンスを作ってもらえないだろうかと倍巌先輩に頼んだところ、彼は一計を案じてくれました。つまり倍巌さんと私が女学生の降りる駅で先に降りて彼女の前を歩き、徐々に速度をゆるめて、彼女が私達に追いついた時に倍巌先輩が声をかけて、私と話ができるようにとりなしてくれるという段どりでした。遂にその決行の日がきました。倍巌さんともう一人、青山通成という一年先輩もついてきてくれました。どうやら計画通り私達三人は女学生の降りる駅で先に降りて、彼女があとから来るのを確かめて歩く速度をゆるめ、彼女が近づいてくるのを待ちました。最初は百メートル近くはなれていた距離から五十メートルになり、二十メートルになると、そこまではよかったのですが、さらに至近距離に達しかけたと見るや、頼りにしていた倍巌さんが青山氏共々にどちらからともなく突如駈け出し、一目散に逃げて行くではありませんか。そんな二人の姿を見ると私も自信がなくなって、お二人のあとを追って駈け出してしまったのです。

結局、これが初恋の女学生との永遠の別れとなってしまいました。というのはその後私は軍隊に入り、終戦後間もなく無事に復員してきましたが、しばらくしてその人はもうすでにこの世の人ではないということを聞いたからです。肺を患って亡くなられたということでした。私は今でも倍巌さんに言うのです。「あなたがあの時、逃げ出さずに先輩としてしっかりとしてくれてさえいれば、私の耳の底にあの人の声が、言葉が、残っていただろうに。遂に生涯、彼女の声をわが耳底に残すことが出来なかったではないか」と。そしてこの痛恨事を何としてくれるのかとばかり、「持つべきは頼り甲斐のある先輩であった」と。けれども、考えてみれば、私が自分の初恋をこうして清らかな思い出として語ることができるのは一言の言葉もかわし得なかったからこそではなかったかと思います。

この私の初恋の女学生が思いもかけず倍巌さんの口から出た龍門石窟の盧遮那仏《るしゃなぶつ》に似ているという乾幸子さんだったのです。

「それにしても倍巌さん、当人である私が思いもしなかったのにあなたが思い出すということは倍巌さんも乾《いぬい》さんに可成りな関心をもってはったということですな」と、その言葉をうけて倍巌さんのたまわくです。「そうですがな、私もあの人はきれいな人やなあと思ってました。けれども先をこされて、協力する方の立場におかれてしまったんです。思えばこれがあの時以来ずうっと私が管長に謙譲《けんじょう》の気持で付き合ってきているはじまりです」と。この乾幸子さんというお名前も、彼女が車中で勉強していた教科書の裏に墨書されていたのを見つけて誰かが教えてくれたのでした。ですから幸子のよみかたがさち子であったのかあるいはゆき子であったのかも知らないのです。

恥ずかしながら私の初恋談義になってしまいましたが、四十年以上も昔のことが龍門石窟の仏さまのお顔を縁として昔に熏《くん》じられていた種子が現行《げんぎょう》となって甦《よみがえ》ってきたということであります。倍巌さんと私の青春時代の現行が先に申しました阿頼耶識《あらやしき》という私どもの大きな大きな心の蔵の中に熏習されていた女学生に対する愛の種子が、遠い過去として忘れ去られながらも、少なくともそう思えるようなありようでありましたが、その間延々と種子生種子、種子生種子を繰り返しそれを続けて自類相続と申しますが、今日にいたるまで阿頼耶識のなかでその自類相続《じるいそうぞく》が打ち続けられてきていたのです。それが縁にふれて現行《げんぎょう》したという事であります。

思いもかけぬ話の展開になりましたが、阿頼耶識と現行熏種子、種子生種子――そして種子生現行の関係についての説明をいささか申し上げた次第です。

尽きることのない生命の流れ

この阿頼耶識《あらやしき》は私どもの生命の流れとも言うべきものであり、過去から蓄積され続けてきた一切の活動と行動のエネルギーを摂《おさ》めつくしている心の蔵でありますが、この阿頼耶識はたとえ私どもの肉体は亡くなっても、識自体は未来世にむかって生き続けます。この生命の流れを穢《けが》すことのない行為がこそ、いやそれのみならずさらに言うなればこの生命の流れを清らかにする行為にはげむことが人々の日々の生活のなかでの心がけであらねばなりません。所詮かなわぬこととあきらめてしまうのではなく、その気持をもち続けることが私どもの来世への大切なおつとめであります。

そしてこの阿頼耶識についての話の結びとしてもうひとつ付け加えておきます。それは無意識の中にこそ真実の意識が宿っているということです。この無意識の中の真実の意識は、意識以前の子供の気持の中に親の姿によって養われるものであります。深い潜在意識の底に親の姿でこの阿頼耶識の中に熏習《くんじゅう》し続けられながら、あたたかい情操のぬくもりが養われてゆくのです。日本人の宗教的情操は意識上のそれではなく、無意識の中に潜在意識としてあたたかくあたためられているものであると言えます。そしてそれはオギャーと生まれてから後に養われるものではありません。仏教では母親の胎内に宿った瞬間が正しい意味での誕生の刹那《せつな》です。ですから、今生《こんじょう》私どもの生涯はお母さんの胎内に宿った時その時に始まっているのです。その瞬間から親の姿、親の生き方そのものが子供の阿頼耶識（心）のなかに熏習され始めるのです。そしてお腹の中で母親との対話のみならず父親との対話をはじめその他、外部の人との対話も熏習され、子供の阿頼耶識に積み重ねられていくのです。昔からよくいわれる胎教の大事さがここにあります。

その事について私にこんな経験があります。

春休みとか夏休み、或いは年末から年始にかけて、私どもの薬師寺にはその行事に参籠したり、お手伝いに大勢の大学生や高校生など子供達が参加してくれます。その子供達が成長して結婚する時など、私が導師を頼まれて仏式の結婚式をあげることがよくあります。そんな中のある一組の夫婦でありましたが、「おかげさまで子供を授かりました」と報告に来てくれました。こうした報告に接した時私は必ず、母親のお腹に手をおいて、そばにご主人にも坐ってもらい、般若心経の読誦とお薬師さまのご真言《しんごん》「オンコロコロセンダリマトウギソワカ」を唱えます。そして「これからは子供が生まれる迄毎日、母親のお腹に向かって父親が般若心経をあげ、お薬師さまのご真言を唱《とな》えて『今日はこれから会社へ行ってくるからね』といって出かけ、帰ってくると『仕事を終えて今帰ってきたんだよ』といってやはりお経をあげ、ご真言を唱えてあげてほしい。今日は私がその為のお経のあげ初《ぞ》めをさせてもらったのだから」と頼んでおります。

その夫婦に子供が無事生まれ、そのお宮参りの時に寺へ連れてきてくれました。そして私に抱いてやってほしいというのです。生まれて三十日の赤ちゃんです。私はそんな小さな赤ちゃんを抱く自信がなかったのですが、頼まれた以上抱かねばと思って母親から受けとろうとした時です。やはり赤ちゃんは不安を感じたのでしょう。ワッと泣き出しました。抱きとりながら私は思わず「オンコロコロセンダリマトウギソワカ」とそしてもう一度、「オンコロコロ……」と唱えかけた時でした。赤ちゃんは泣きやんだのです。泣きやむどころか何ともいえぬ笑みをその頰に浮かべて、なつかしそうなまなざしで私を見つめてくれるではありませんか。その時私は、「ああ、この子はお腹の中であの時のオンコロコロ……を聞いてくれていたんだ。だから今のオンコロコロを聞いてそれを思い出してくれたに違いない。あのオンコロコロを最初に聞かせてくれたおじさんだ、あかの他人ではないと、頰に笑みを浮かべ、なつかしそうなまなざしで私を見つめてくれたのだ」との思いがしてなりませんでした。

そして同時に子供はお母さんのお腹の中で母の、父の、また自分に語りかけてくれた人の声を聞いている、親の姿が子供の心を養うというけれども、それは所謂《いわゆる》出産のあとのことではなく、お腹の中ですでに親のいろんな熏習を受けて育っているのであるということをしみじみと考えたのでありました。

存在するすべては遷《うつ》りかわる

ところで阿頼耶識《あらやしき》に貯えられた種子《しゅうじ》が現行《げんぎょう》する時は、必ず末那識《まなしき》を通して現行するのです。阿頼耶識自体には種子を現行させる力がないのです。そこで必ず末那識を依《よ》り所としなければ現行することが出来ないのです。この末那識は自己愛のかたまりともいうべき自我と我執《がしゅう》の煩悩《ぼんのう》につきまとわれているとりこです。ですから種子は必ずこの末那識の色に染まった自己中心（エゴイズム）の考えのままに、つまり末那識の色に染められて現行します。人に接する場合でも、その人をそのままに観ているつもりでいますが、実は自分の末那識で染めあげた人を眺めているのが私どもお互いの観察です。すべて世の中の一切合財を自分色に染めてしまっています。

ですからそのものを、そのままに理解することなどとてものことではないですが、むつかしいことです。私どもは誤解しながらそれを恰《あたか》も理解したかのように思っているのです。

私どもはこの末那識あるが故に、ついてはいけないと思いながらも嘘をつかなければならないし、いいことをしようと思っても真実いいことが出来ないのです。それは、この末那識が働く時、必ず我癡《がち》、我見《がけん》、我慢《がまん》、我愛《があい》というやっかいな働きが一緒に活動するからです。我癡は無我、無常の道理に目覚めることができない故に自分の本当の姿に暗いことです。私どもが自分が俺がと実体あるが如くにこれに執《とら》われていますが、自分という本質はどこにも存在するものでなく、また無常とは存在するもの全ては遷《うつ》りかわってやまないということです。

法句経《ほっくきょう》に「子有り、財有り、愚は唯汲々たり。我《わ》れ且つ我れに非《あら》ず。何ぞ子と財の有るや」（われに子らあり財ありと愚かなる者は心なやむ。されどわれは既にわれに非ず、何ぞ子らあり、財あらむや）と説かれています。自分だけ単独に存在するものは何もないのです。ですから自分の思うようにはならない世の中です。これは自我ではない、すべて無我であるからです。また無我所とて自分のものはなにもないという教えがあります。お釈迦さまは「財産は風と水と火と賊と王の五人共同のもので、やがてこの五人に奪われるものである」と仰せられました。王というのは政治の主宰者ですが、これに税金をがっぽりともってゆかれます。火や賊は用心していれば災難を免れることも出来ますが、王から召し上げられる税金は用心すればするほど、働けば働くほど奪われること大でありますから辛いですね。

この道理、心理を弁《わきまえ》ることのできない我癡《がち》あることによって根もとから自分の見識、考え方にこだわって自分の主義、主張を絶対間違いでないものとこだわってしまって、人さまの主張やご意見を聞くことが出来ない我見が繋ってきます。この我見のことを身見《しんけん》と言いまして自分の意見に執着するこの謬見《びゅうけん》が我見です。

次の我慢は自分を他人と比較の上において意識する、これが慢です。慢はおごりたかぶりであり、あなどりです。「自慢高慢馬鹿のうち」とは昔から言われることですが、これがなかなかにぬぐい切れない私たちです。慢には卑慢という心の働きも含まれます。むやみやたらに卑下することが決して謙譲《けんじょう》でもなければ謙虚でもありません。我愛は無意識の裡《うち》に働く自我愛で、如何に善意であろうともその底に必ず自分という我《が》の意《こころ》が働いているのです。この善意の底に働く我意、我愛によって折角の善意も汚されるのです。この汚されている行為を有漏《うろ》または有所得《うしょとく》の行為というのですが、ここでこの有所得の四相ということについての説明を簡単にいたしておきましょう。

一番目に有漏《うろ》です。どこからともなく漏れるということです。私達は善いことをしても自分はこんなに善いことをしたという心が底に働きます。自分を中心にしたものの考え方が漏れてとどまるところがないのです。これが有漏で、漏《ろ》とは汚れをいいます。「仏は慈悲をして慈悲を知らず」、これが本当の慈悲です。私達は少し慈悲をするとこんな善いことをしたと、その慈悲をした所に心を残します。これは慈悲ではなく自我です。

二番目が有相《うそう》です。これは人の目につくようにすることです。善いことをしてもそれを人に知ってもらいたいという気持が働きます。

三番目は有量《うりょう》ですが、これはあんなことも、こんなことも、あの人は善いことをたくさんしていると、それを人に知ってもらいたいと思う気持ですることです。

四番目を有記《うき》といいます。あの人にあれをしてあげた、この人にこれをしてあげたと、心の中に登録することです。お寺やお宮さんなどに御寄進させていただいてもそれを札に記して人のみえるところに立ててほしいと思う気持のはたらきが有記です。

このように私達は善いことをしながら、もうその時すでに心の中に有所得という汚れたひもをつけているのです。これでは善いことをしながら本当に善いことをしたとはいえません。これらすべてに自己中心の末那識が働いているからです。そうして、このような行為すべてが阿頼耶識の中に種子として熏習《くんじゅう》されるのです。

ところで阿頼耶識は、私達の死により肉体から離れても生き続け、新しい生命の中に受けつがれてゆきます。

『胎児の世界』（三木成夫著、中公新書）という本があります。それには、私達人間はすべて十月十日《とつきとおか》、母親の胎内で成長を遂げて生まれるまでの間に、生命のその根源状態から人間の姿に至るすべての過程を経て生まれてくるのだと書かれてあります。それを、個体発生は系統発生を繰り返す、というのだそうです。地球上に人類の起源となる生物の命が発生したのは海の中で、それは三十億年以上も前に遡るということです。私達は十月十日《とつきとおか》、母の胎内にいる間に三十億年にわたる人間に成長するまでのいろんな生物の姿を系統的に踏みながら、人間の姿となって生み出されてくるのです。胎児の顔がそれを表わしているのだとこの『胎児の世界』に書かれています。とすれば、阿頼耶識には人間として生まれる前の、つまり三十数億年もの間に生まれ変ってきた生物の行為の歴史が蓄積されていることになります。

　私達は生まれてから今日までの自分自身の行為のみならず、遠い過去世に遡って以来からの血のつながりのあるご先祖さんのみならず、受けついでいる阿頼耶識の先祖からのつながりを受けて生きているのです。それはまた、今、私達が、行なっているすべての行為が阿頼耶識に吸収されて、その阿頼耶識がまた次に受けつがれます。ですから私達の可愛い子供や孫や曾孫、そして曾孫から生まれてくる子供や孫、これが少なくとも確実な来世であると申しましたが、これだけではなく阿頼耶識のつながりにおいての来世があるということがお分りいただけると思います。

こうした事を考えた場合、私達はこの来世に少しでもあたたかい極楽の世の中を残してあげる為にも、善い種子を熏習して阿頼耶識を出来るだけきれいな状態にして残してあげることが、私達の来世に対する大切な役目ではないでしょうか。きれいにはしてあげられないまでも、少しでも汚れをすくなくするのが私達の来世へのねがいでなければいけないと思います。

しかし、折角善いことをしながらもどうしても有所得《うしょとく》の行為から逃れないのが私達凡夫です。だからと諦《あきら》めてしまうのではなく、有漏《うろ》（漏はけがれ）は有漏でも有漏善《うろぜん》（相対的な善）を心掛けて無漏《むろ》（絶対的なけがれなき善）に近づく努力をするのが仏教者としての日々の生活の姿です。

唯識学者で『仏教の深層心理』（有斐閣選書）や、『唯識の読み方』（大法輪閣刊）などの著者、太田久紀先生は「どうか皆さん方、阿頼耶識《あらやしき》を荒屋敷になさいませんようにおねがい致します」とおっしゃっていますが、なかなかに言い得て妙なる意味合いを含む言葉です。

三　日本人とお米

神嘗祭の心

ところで私は慰霊法要の旅に上ると共に神嘗祭《かんなめさい》にも参拝させていただいていますが、その神嘗祭の事について少し書かせていただきます。

「豊葦原《とよあしはら》の千五百秋《ちいほあき》の瑞穂《みずほ》の国は、是《これ》、吾《あ》が子孫《うみのこ》の王《きみ》たるべき地《くに》なり。爾皇孫《いましすめみま》、就《い》でまして治《しら》せ。行矣《さきくませ》。宝祚《あまつひつぎ》の隆《さか》えまさむこと、当《まさ》に天壌《あめつち》と窮《きわま》り無けむ」

これは『日本書紀』に記されている天照大神《あまてらすおおみかみ》の神勅、つまり天孫降臨《てんそんこうりん》に際し、天照大神がお孫さんの火瓊瓊杵尊《ほのににぎのみこと》に申し渡されたお言葉です。「あなたがこれから行って治める国土は、今は葦がいっぱい生い茂ったままの荒地ではあるけれども千五百秋ですよ。いついつまでも苗代《なわしろ》に籾《もみ》をまいて苗を育て、耕した土地に田植をし、早苗《さなえ》が育てば草取りをし虫を駆除して肥料をおき、成長すれば稲刈をしてお米を収穫する。来年に籾を種として残してというように、それを倦《う》まずに怠る事なく年々うち続けてゆくならば、その葦原がやがては黄金《こがね》色の稲穂波打つみのり豊かな美しい瑞穂《みずほ》の国となる。そしてそのお米で国民の命を豊かに養い育てるのだよ。その土地に住む人々の命をしっかりと食物で養いまもることが、その土地を治める王たるべき者のいちばん大切なお仕事である。これを子々孫々にしっかりと伝えるのだよ。さあ行ってしっかりと治めてきなさい」との励ましのお言葉と共に稲穂を手渡されて瓊瓊杵尊を高天原からお降しになりました。その稲穂は天照大神がご自分の斎庭で自らが田植をされお育てになり、それを稲刈されたものです。

その大神のお姿が、そのまま今日にいたるまで毎年天皇陛下が田植をされ、稲刈をなさるお姿に受けつがれているのです。それは言いかえれば、天照大神がお孫さま火瓊瓊杵尊《ほのににぎのみこと》に託された「お米で民の命を養うように」との使命を、今に家族国家日本の総本家として天皇さまが自らに課しておられるお姿にほかなりません。

火瓊瓊杵尊の火《ほ》は稲穂の穂、瓊瓊杵《ににぎ》はにぎにぎしくの意で、稲穂がたわわにみのっている状態をねがって降臨されるお孫さんに名づけられたお名前です。子供の名には親のねがいがこもります。民の命を養う為にはお米作りでという天照大神の強い願望が火瓊瓊杵尊というお名前に窺《うかが》うことが出来ます。また、神社へお参りすると鈴をうちならして神に祈るあの鈴なりもやはり稲穂のたわわにみのる状態をあらわしたものです。火瓊瓊杵尊のお父さまは天忍穂耳尊《あめのおしほみみのみこと》と申し上げますが、忍穂《おしほ》は多《おお》し穂《ほ》で稲穂の多いなるみのりであり、第一代の神武天皇は神日本磐余彦火火出見尊《かむやまといわれひこほほでみのみこと》で、火火《ほほ》は稲穂稲穂で、稲穂の炎々たる有様をあらわしています。そのようにみんな稲穂の神格化ともいうべき稲穂神そのものの名がつけられていますが、その農業の精神の伝承者が歴代の天皇であります。

お米は本来、熱帯、亜熱帯の植物であります。それが北に寄った日本で、東北、北海道に至る迄全国的にお米が作られているという事実、これは私達の先祖の血のにじむ努力の成果であります。熱帯の花が北海道で花を咲かせたためしはないのだそうです。その唯一の例外がお米の花であるということをお聞きしました。

風流のはじめや奥の田植歌

『奥の細道』に出てくる芭蕉の句でありますが、このように日本では田植にしても稲刈にしても俳句の季語をあらわすに用いられるように季節をあらわす言葉です。熱帯の南の島々ではそんな事はなく、お米は二期作はおろか、三期作でさえあります。ですから慰霊法要で南の島々にお参りした時、田植をしている田圃の隣では稲刈が行われ、そしてその周囲の田圃には稲がそれぞれいろいろの状態で成長している、そんな風景がいたるところに見かけられます。それが北に寄った日本の場合、殊に東北地方では徳川時代二百五十年間に十回以上もの大飢饉に見舞われ、岩手県の遠野など、宝暦四年、五年とうち続いた凶作で人口が四分の一に減ってしまったといいます。東北へ行きますと青森県にもこの大飢饉の生々しい歴史を伝えるところに行き合います。

そんななかで、山かげで水の冷たい所はこれ、風の強く吹く所は稲の足が短くて穂のみのりがよい品種をと、その他それぞれの地勢や気候に合わせて、品種改良、土壌、技術などの改善その創意工夫を重ねかさねてきた結果、東北からササニシキが、そして越後の雪の深い底からコシヒカリが誕生してきたのです。さらには北海道にさえ、富良野《ふらの》、深川、滝川そして旭川など、各地に米どころが生れてきています。各地で冷害にみまわれながら、その恐怖におののきながらそれを克服してなのです。今や四百五十品種をこえて日本中でおいしいお米がいただけるようになったのも、まったくもって先人の粒々辛苦の賜《たまもの》であります。

こうしたお米作りの苦労が日本人の勤勉な国民性を育て養うと共に、日本人独特のキメこまやかな緻密な頭脳の働きを培い、そして物をつくる魂を磨きあげてきました。その成果ともいうべき自動車、電化製品、時計、カメラ等、日本の工業製品が世界中に迎えられ、それが今日の繁栄のもとになっているのも、このことを抜きにして語ることはできません。また、お米でなら百人の人々を養える土地で、麦なら六十人から七十人、牧畜なら七人から九人しか養えない。さらに地球上の人口が今の二倍になったとしても、お米でならばそれだけの人々を養う事ができるということをお聞きしました。狭い土地に多くの人を養うのにもお米は重宝な食物です。

こうした智慧をお教え下さった天照大神に、そして八百万《やおよろず》の神々に、「今年も無事にお米さまがみのって下さいました」と、喜びと感謝の気持をこめてご報告申し上げる、これを神道では覆奏《かえりごともうし》と申しておられるようです。食べ物に関する最も重要な覆奏が毎年十月十五日から十七日にかけて伊勢の神宮で執り行われる神嘗祭と十一月二十三日に宮中で行われる新嘗祭です。神嘗祭はいうまでもなく神宮における最も重要な祭祀で、外宮《げくう》（豊受大神をおまつりする豊受大神宮）では十五日夜から十六日、内宮《ないくう》（天照大神をおまつりする皇大神宮）では十六日夜から十七日にかけて行われるのです。すなわち内宮では十六日午後十時（外宮では十五日午後十時）からの宵御饌《よいのみけ》（御饌とは神にお供えする食物）に始まり、十七日午前二時（外宮では十六日午前二時）からの朝御饌《あさのみけ》、そして同日正午（外宮では十六日正午）、勅使をお迎えして奉幣の儀が行われ、この時、宮中賢所《かしこどころ》より天皇陛下が五穀豊穣を感謝されると共に国民の平安を祈願されます。

私は毎年の如くに、ともすれば私自身食べ物について不真面目に陥りがちな、その食べ物に対する真面目な心の養いと戒めをいただくことをねがって、十六日、夜十時からの内宮における宵御饌のご神事に参列させていただいてまいりました。ご神事の模様はわかるべくもございませんが、真直ぐ天にそびえ立つ杉木立ちに囲まれた闇のしじまの中、奥まった正殿からとぎれとぎれにかすかにもれ聞こえてくる楽の音などを耳に、それはもう神代の星空に心誘われる思いでございます。

昭和五十年、天皇陛下（昭和天皇）がアメリカへお渡りになり、十月十四日夕刻にお帰りになりました。御高齢であの御日程を滞りなくお果しになっての御帰国でした。それから二日後の十六日夜、神嘗祭にお参りさせていただいていたその時のさなかでした。私はある一つの大切な事に気付かせていただいたのです。それは天皇さまが神嘗祭の始まる丁度前日にお帰りになられた御日程から、この度のアメリカへのお渡りは、これ迄お世話になったお礼のご挨拶に加えて、神嘗祭の大御心の顕現、つまり国民の命を食べ物で養い守らねばならぬ神代以来の使命を自らに課しておられるお気持のあらわれだったのだ、ということです。もっとわかりやすく言えば、今後も食べ物において今迄通りに変る事なく協力していただきたい旨のおねがいが、あのアメリカへのお渡りの大切な意味であったのです。たまたま私は神嘗祭にお参りさせていただいたことによって、こうした大切なことに気付かせていただけたのでありました。天皇さまは国民の為にこのような理由でアメリカへ行くのだなどとの説明は一切なさらない。黙々とそのお役目をおつとめ下さっています。

言挙《ことあ》げせざるが敷島《しきしま》（日本の国の枕ことば）の道でありますが、この道の体現を天皇さまの「まつりごと」されるお姿に拝する思いで感を新たにしたことでした。ガブリエル・マルセルというフランス人の哲学者がお伊勢さまの神域の厳粛なるに心を打たれて「此処には人間の自然に対する謙虚さと畏敬の念が沈黙を以て表現されている。これこそ科学時代の今日最も神聖なことである」との言葉をのこしています。言挙げせざる敷島の道を、つまり日本の精神的・文化的伝統の本質をみごとにこの伊勢の神域で語ってくれています。

この神嘗祭とお米のおまつりごとの双壁をなす新嘗祭は、お米を育てて下さった天照大神はじめ天地八百万《やおよろず》の神々に、天皇ご自身が新米をもってお給仕をなさり、天皇さまも共にお召し上りになるご神事であります。これを共食《きょうしょく》の儀と申しますが、神々と同じ召し上り物が体内に入ることにより、神と同じ魂をいただかれ、その力を以て国民を養いおさめるお力をお受けになって下さるのです。この共食の精神が文字にあらわれたのが「和」です。禾（ノギ偏）はお米をはじめ穀物をあらわします。その禾に、すなわち食べ物を共に口にすることによって、心やわらぎ、睦《むつ》み合い、ひとつ心に融け合う、それが和です。身近に言うなれば結婚式の三三九度の盃を交わすこと、これは共食の儀式です。お米の魂が醸されたお酒を神さまから共にいただいて杯を交わすことによって赤の他人であった二人に共通の魂が両方の体に流れ合って夫婦という親密な関係が成り立つのです。共食の思想は日本人の生活の根底に根づいて息づき、ながれているとても大切な精神です。

新嘗祭《にいなめさい》は古来は十一月下の卯《う》の日であったのが、今は十一月二十三日に行われ、勤労感謝の日として国民の祝日に加えられていますが、私は伝統ある新嘗祭という名称の復活をこそねがっています。それは日本の伝統への認識と食物に対する真面目な心の養いのためにです。

神嘗祭・新嘗祭の説明によって御理解ねがえたかと思うのですが、日本のまつりごとの初心は御先祖へのお給仕がその基本であります。新嘗祭では天皇さまが、自ら新穀のお給仕をなさいます。神嘗祭では代々父君天皇さまにかわって、毎年、内親王が斎宮としてお給仕の役目をおつとめになります。それでは私どもはこの神嘗祭・新嘗祭の精神を家庭生活の中でどのように生かしていけばよいか、また仏教者の生活の中でどのように受けとめられているか、それについては次にお話し申しあげます。

お食事の作法《こころ》

今述べましたように、神嘗祭は毎年十月十五日から十七日にかけて天照大神を初め諸々の神々に今年のお米の収穫を御報告申し上げ、代々そのお米を天皇さまの皇女がお給仕してお召し上りになっていただかれる伊勢での御神事でありますが、新嘗祭は毎年十一月二十三日に宮中においてお米を育てて下さった天照大神はじめ天地八百万の神々に、新米を天皇ご自身がお給仕をなさりお召し上りになっていただかれて、それを天皇さまも共にお口にされる御神事で、この方は共食の儀である、と申しましたことを思い出して下さい。

しかし新嘗祭は神嘗祭に遅れる事一ヵ月余、収穫のおまつりとしては聊《いささ》か遅く感じられると思います。しかしこれには理由があるのです。それは南から北へとのびているわが国のすべての国民のみんなが新米をいただける時期まで、天皇さまが新米を召し上るのをお待ちになって下さっているのです。畳表の藺草《いぐさ》を生産する土地など、いろいろそれぞれ各地の事情があって、稲刈の時季の早い遅いがあります。また稲自体にも、早稲《わせ》もあれば中稲《なか》《て》があり晩稲《おくて》もあります。これが日本の歴代天皇のお姿であるのです。私どもはこれをはっきりと認識しなければなりません。家族国家日本の総本家、それが天皇さまであり、私どもは全て分家であります。ですから分家の分家のさらにずうっと分家の私どもにいたるまでが、総本家さまと一緒に今年の新米を共食することのできる時季をお待ち下さっているのです。

にも拘《かかわ》らず、近頃は十月はおろか九月にもなるとお米屋さんにはもう新米ばかりが出回って、昨年のお米は姿を消してしまう店があります。すると古米は古々米となり、古々米は古々米となって、ついには古くなったお米が捨てられてしまっていくのです。これは天地自然のお恵みに対する冒涜《ぼうとく》です。あまりにも勿体《もったい》なさすぎます。スイスはお米ではなく麦ですが、新しい麦の三分の一はその年に食し、あと三分の二はすべて翌年以降に備蓄されると聞いています。こうした備蓄の精神が国民生活に根づいて、それがあの国をして永世中立国たらしめているのです。だからスイスの景色は美しいが、食物はまずいと聞きます。それだけ欲望の調御《ちょうぎょ》が国民生活の中に息づいていればこその永世中立国です。

翻《ひるがえ》って私達日本人の便利と贅沢と欲望に満ちみちた生活態度に平和と繁栄に慣れた気持のおごりの末が余りにも恐ろしく思われてなりません。日々の生活の中にまず食事から真面目な慎み深さを取り戻さねばなりません。

私はせめて十一月二十三日の新嘗祭迄は新米をいただかないという生活信条を持しています。千三百年の古え《いにし》白鳳時代の薬師寺伽藍《がらん》復興のためのお写経勧進《かんじん》に行く講演の先々で、十月の中頃になると、「当地の新米でございます。ぜひお召し上がり下さい」と御接待にあずかることもございますが、「私は十一月二十三日の新嘗祭迄は新米をいただきません。どうしても新米をとおっしゃって下さるのなれば、去年の新米を」とおねがいしている次第です。どうか皆さま方におかれても、十一月二十三日を今年の新米の解禁日にすることに御協力ねがいたいのです。残せる新しいお米を残し、古いお米から先にいただいて古いものの命を全《まっ》たからしめ、一粒のお米もこれを無駄にしない生活態度こそ、国民の末永い命の問題としても肝要であります。あまり冥加《みょうが》につきることをすれば罰《ばち》があたります。この罰の報《むく》いが私ども自身に出るならいいのですが、私どものかわいい来世をその報いの苦しみに喘《あえ》がせることになるのです。後生《ごしょう》の大事が思われてなりません。

日本のまつりごとの基本が神嘗祭、新嘗祭に見られるように、お給仕にあることは非常に大切なことです。そのように一般家庭においても御先祖さまにお仏飯《ぶっぱん》のお給仕をするのが朝夕のお勤めであるのです。そのお供えしたお仏飯のおさがりをお櫃《ひつ》に移して家族がみんなでこれをいただくことにより、御先祖さまとの共通の魂をその体内にいただくことになります。これが御先祖さまと子孫の共食之儀式なのです。それを今は行きすぎた勝手な衛生観念で、お供えしている間にホコリがついたからとか申して、それを生ゴミとして捨ててしまう。……もってのほかです。こうしたことが御先祖と家族の魂の疎遠を生み出し、ひいては家庭内暴力、あるいは家族間の和を欠くギスギスした対立をつくり出す原因になり、これが社会問題にまでひろがりを大きくしているのです。まつりごとの大事さを家庭内の問題としてもよく考えてほしいのです。それからまた、各神社では祭礼のあと、氏子の人達が氏神さまにお供えした神酒と神饌《しんせん》をいただく直会《なおらい》が行われます。この直会もやはり共食之儀であって、これによって氏神と氏子に共通の魂が養われ、ひいては氏子同志の間の心の絆《きずな》がより深く結ばれ合うことになります。

さて、この食べ物をいただくにあたってだれしもにしていただかねばなりませんのが、三度三度の食事をいただく時には必ず合掌して、「いただきます」、食べ終ると合掌して「ご馳走さまでした」を唱えるということです。食べ物を育てて下さる天地自然のお恵み、そしてその食べ物をみんなが食べられるように作って下さる人さまの御労苦によって私どもは今この食事にあずかり得ているのであることをしっかりと弁《わきま》えることです。これによって生命《いのち》を養っていただいているのです。それに対する感謝の気持をこめて合掌し「いただきます。ご馳走さまでした」を唱えるのは、ごく当り前のこと、読者のみなさんもこれ位は当然実行しておられると思うのですが、もし、知己、家族の中で実行しておられぬ人があれば、ぜひその実践をおすすめになっていただきたいのです。子供さんやお孫さんに「ご飯を食べる時になぜ手を合わせるの」とたずねられた時には、語呂合わせでも結構です、「てのひらのしわとしわとが合わさるとしあわせなんだよ」と。子供はそれだけで得心して実行してくれるはずです。

しかし高校生ともなると、中学生でもませた子は照れくさくてなかなかしてくれないかもしれません。手おくれであるかもわかりません。してくれなくとも、どうか御自身の姿にはこれを貫いて下さい。「父母の病あつくして医薬の効なきを知りてもなお治療につとむるはこれ人情の常にあらずや」です。いつか必ず我々には死ぬ日が参ります。しかしその頃になると子供もまた子どもの親になっています。そのとき「お爺さんが亡くなられた。お父さんは食事の時に手を合わせることを遂に今日までしなかった。今にして思えば申し訳のないことであった。今日からはお父さんはお爺さんのこの姿を受けつぐから、お前さん達も一緒にしておくれ、きっとお爺さんが喜んでくれるよ」……夫婦であれ、親子であれ真実の対話は死に別れた日からはじまるもの。こうして食事のたびごとにこの姿で幽明境を異にした日からの新しい親子の対話がはじまらぬとは限らないと思うのですが、如何でしょうか。

五観《ごかん》の偈《げ》――仏教の食作法《じきさほう》

私ども僧侶は食事作法をして御飯をいただきます。その作法の中で必ず五観の偈というのを唱えます。それはすなわち次に掲げる五つの言葉です。

一《ひとつ》には功《こう》の多少を計り、彼《か》の来処《らいしょ》を量《はか》るべし。
二《ふたつ》には己《おの》が徳行《とくぎょう》の全《ぜん》と闕《けつ》と多《た》と減《げん》とを付《はか》るべし。
三《みっつ》には心を防ぎ、過《とが》を顕《あら》わすは三毒に過ぎず。

四《よつ》には正《まさ》しく良薬を事として、形苦《ぎょうく》を済《すく》わんことを取る。
五《いつつ》には道業《どうごう》を成《じょう》ぜんが為なり、世報《せほう》は意《い》に非ず。

宗派や寺によって多少よみ方に差異があるようですが、この五観の偈は、中国の唐時代の僧、道宣というお方が著わされた『四分律行事鈔《しぶんりつぎょうじしょう》』とよばれる書物の中に説かれた食事訓で、食膳に向かう時にこの五つの事を心に思い浮かべて身の養いと同時に心の養いを得させていただくのです。道宣は玄奘三蔵のお弟子の一人で、三蔵の訳経に参画されたお方であります。

まず最初の「功《こう》の多少を計り」とは、自分が今こうしてこれだけの食事をいただく資格、働きが果してあるのだろうか、と反省をしてご飯をいただくということ。この功の字はこうとよまれる場合が殆んどですが、本来はくとよんだのではないかと思います。功徳《くどく》の功で、呉音でよむときはくと発音します。漢音ではこうです。功力も漢音ではこうりょくとよみますが、仏教用語としてよむときは呉音で功力《くりき》とよんでいます。ですから功《く》の多少とよむのが正しいのではないかと思うのですが、今は慣用に従って功《こう》の多少とふりがなをつけました。この字であらわされるところは、はたらき、てがら、そしておつとめなどの意味があります。そして「彼の来処を量る」とは、その食べ物の由って来たる所以《ゆえん》を考えなさいということです。由って来たる所以を思えば、私達日本人は今日こんなに気楽に食事のできる身分ではないはずです。

日本の食糧の自給率は二割少々。大豆の大半はアメリカや中国からの輸入で、そのアメリカから日本へ送られてくる農作物の耕地面積は北海道全体の広さに匹敵するといいます。その他おそばでも九割までがブラジルやアメリカやカナダなど外国から。お菓子の材料に使われる寒天の原料であるテングサでさえ七割までがアルゼンチン、チリ、地中海方面から輸入されているそうです。ですから考えてみればお豆腐、味噌汁、納豆をいただく時はアメリカさんのおかげ、おそばをいただく時はブラジルさんの、そしてお菓子をいただく時はアルゼンチン、チリさまさまです。

このように私達は世界中の世間さまのおかげで今日こうして食事をいただけるのです。生かしていただいているのです。それなのに、まるで食糧天国日本のつもりでみんなが浮かれ浮かれて贅沢《ぜいたく》して、残飯出して、お米をすてて、飽食のきわみをつくしています。しかし、国際情勢如何、流通事情の変化がひとたびあらんか、いつなんどき食糧地獄日本に陥りかねない状態です。ですから地獄の狭間《はざま》の天国踊りにならぬように、みんながそれぞれ十分に注意をせねばならない時勢であるはずです。お米のよって来たる所以を考えるならば、太陽の光、大地の水、そしてお米は八十八と書いて米という字ができていますが、これはお米の一粒一粒が八十八回の人さま、世間さまのご苦労の結晶である事をこの字で教えているのです。故に一粒のお米は三千大千世界よりもなお重いといわれる程尊く扱われて来ました。だからこそお米は米ではなくあくまでもお米であり、あくまでも「飯は食うものではない。ご飯はいただくものである」と言われる通りです。（なお、八十八については鶴亀の命ほしくばツルツルのむなカメよカメカメ、つまり八十八回ゆっくりとかんでいただきなさいとの教えもある事を附記しておきます）。

次に「己が徳行《とくぎょう》の全《ぜん》と闕《けつ》と多《た》と減《げん》とを付《はか》るべし」というのは自分は徳行（人間としての大事な行い）を充分に果しているかどうかをよくよく考えて、おごそかに反省をして御飯をいただくということです。それから三番目の「心を防ぎ過《とが》を顕わすは三毒に過ぎず」……これは心の行儀の正しさを失わないということです、手を洗い正しく坐り姿勢をととのえる、これが天地自然のお恵み、人さまのご苦労を受けさせていただく、つまり食事をいただく時の正しい姿勢であります。ただ衛生的な面でのみ手を洗うのではありません。こうした正しい形が正しい心を生み出す母なのです。正しい形正しい心がなければ必ずむさぼり、いかり、おろかさといった心の毒、過《あやま》ちが姿をあらわします。この三毒あるが故に好きなおいしいものに出合えばいくらでも欲しくなり、嫌いなものにはこんなものまずくて食べられないと腹を立てる、そこには感謝もなければ感激もない。せっかくのいただく食事を汚すばかりです。私どもは神仏のお命を食べ物としてたまわっているのですが、この神仏のお命をも汚していることになり、天地自然のお恵みに対して殺生《せっしょう》を犯していることにもなるのです。げにおそろしい所業であります。

そして結局食べ過ぎや怒りによって消化不良をおこして、からだをこわし、自分自身を汚すことになります。喜んで感謝して心安らかに食事をいただいてこそいただくすべてのものが血となり肉となるのです。「水を飲んで牛はこれを乳にする。水を飲んで蛇はこれを毒にする」というお釈迦さまのお言葉を思い出していただきましょう。仏はその清浄なる光によって衆生の貪欲《とんよく》（むさぼり）を清めて下さり、歓喜の光によって瞋恚《しんに》（怒り心）を和らげ、智慧の光によって愚痴《ぐち》（おろかさ・くらやみ）を晴らして下さるのです。

四番目には「正《まさ》しく良薬を事として、形苦《ぎょうく》を済《すく》わんことを取る」……これはお薬をのむように分量をあやまたず、時をたがえることなく食事をいただくという教えです。病は口より入り禍《わざわ》いは口より出ず、という諺《ことわざ》があります。薬はどんなによい薬でも分量を守らねばならないし、服する時をたがえてはいけません。いかに気持よく眠れるからといって睡眠薬をとりすぎるとこれは永眠薬となってしまいます。ゆえに薬と同じく食事もまた、その量といただく時間をたがえてはならないのです。過ぎたるは及ばざるよりなお悪しとなります。薬と申しましても薬から病を起すと諺にある通り、薬も用い方を間違えば病気の原因になります。薬が毒にもなり、また毒が薬にもなります。

そして最後に「道業《どうごう》を成《じょう》ぜんが為なり、世報は意に非ず」

これは人として仏の道、神の道に励むために食事をいただくのであって、決して世間の享楽を目的としていただくものではないとの誡めです。

以上述べた如く〝五観の偈〟は私どもの食事において、身体の養いが心の養いの道場として受けとめさせていただける道を示して下さっているのであって、決して食事を面倒くさくさせるためのものではありません。三度三度食事をいただく、それはただ単にからだを養うという事だけではなく、からだの養いと同時に、有難い、おかげ、勿体ないそして喜んで感謝する、こうした心の養われを日々の身近な食事作法によっていただく道であります。

孟子さまに「道は邇《ちか》きに在り、而るに諸《こ》れを遠きに求む」とのお言葉があります。心の養いは尋常な行いで得られるものではないと思いこんで、遠くかけはなれた所、つまり特別な小むつかしい理論、理屈を追い求めていてはいつまでたってもこれを求め得られるものではありません。日常生活の中の足下、ほんの身近な所にこそ真に心の養いを得させていただく道場があるのです。仕事についても同じことがいえます。大きな仕事、目につく仕事が何も偉いとは限りません。当り前のことを、なさねばならぬことを黙々となし得る、なし続ける、それが真に尊い仕事であるのではないですか。繰り返すことが人生の力です。

身近にこれを繰り返すことに堪えること、これが人生の宝です。辛棒の木に宝がなると申します。雑阿含経《ぞうあごんきょう》のなかに「人はみずから懸念《けねん》して量を知って食をとるべし。さすれば苦しみ少なく老ゆることおそく、寿《いのち》を保つならむ」とございます。

これはお釈迦さまのころの古い時代のインドのお国でありますが、コーサラ国のハシノク王（波斯匿王）にお釈迦さまが与えられた一偈の教えです。このハシノク王は大変な美食家であり、大食漢でした。そのためにお釈迦さまの所へやってくる度にふうふうと大きな息をついている状態でありました。その様子をお釈迦さまはいつも微笑んで眺めておられました。そんなある時、ハシノク王は美食と大食によるからだの苦しみを訴え、何とか助けていただく方法をお釈迦さまにお尋ねしました。それに対するお釈迦さまの教えのお言葉が先の「人はみずから懸念して量を知って食をとるべし……」の偈であったのです。ハシノク王はこの偈を忘れないようにとウッタラという少年に「私が食事をする度にこれを唱えてほしい」と命じました。ウッタラ少年は王さまの食事の度にその偈を忘れずに唱えました。王さまは次第に食事の量が減って、つまりこの偈によってからだを減ずるを得て、贅肉《ぜいにく》がとれ、次第にすんなりとして健康になったというお話があります。お釈迦さまがハシノク王にお与えになったこの一偈が五観の偈の基になります。

私はいつでもどこででも三度三度の食前に必ず五観の偈を唱えさせていただくことによ

り、私なりに肉体的、精神的にいろいろと教えていただき、且つおかげをいただいています。私はこの五観の偈を約《つづ》めて、「喜びと感謝と敬《うやま》いの心をもって、いただきます」と解釈させていただいて、お参りの方々、あるいはお話をお聞き下さる方々に、機会あるごとに、「食事の度に五観の偈を唱えてから御飯をいただいてほしいなどと、むつかしいことは申しません。せめて食前には必ず手を合わせて『喜びと感謝と敬いの心をもって、いただきます』と唱えていただきたい」とおねがいしています。どうかこの書物をおよみ下さっている皆さま方にも家族の方々とともに、御実行の程をおねがい申し上げます。

食前に合掌して、「喜びと感謝と敬いの心をもって、いただきます」と。さらに丁寧には五観の偈と六方礼拝、それにこの食前の言葉をおねがいしています。そして食後に合掌して、「ありがとうございました、ご馳走さまでした」と。

先にも述べましたように現在わが国の食糧自給率は三割にはるかに満たないのです。こんな事は末期ローマ帝国と現代の日本だけだと聞いています。麦の自給率はわずか十％で一割にすぎません。従ってうどんの原料ぐらいにはなっても、パン用の麦はもう百％外国からの輸入にたよっているそうです。日本人は古来、健康であることをマメと申しています。このマメは大豆《だいず》の事で、日本人の健康の基本食糧は大豆であります。今もこれには変わりありません。その大豆の自給率がわずか四％で、あと九十六％の大半がこれもアメリカからの輸入にたよっています。そしてお米は百%だと言うけれども、これも肥料について考えると決して百%とは言い難い状態です。この最も大切なお米に対してさえも食べ方は勿論、生産体制からして不真面目この上ない現状と言うべきです。減反政策とか休耕田制度だとか……そんな愚かな枠を取りはずすだけでお米の生産高は百三十~百四十%にまで伸びるそうです。田圃《たんぼ》を休耕田にすると、三、四年でもとの荒れ果てた葦原に戻ってしまいます。それを再びお米のできる田圃に戻すには大変な労力と年月が必要です。実に神代の昔から千五百秋《ちいほあき》かけて豊葦原《とよあしはら》を瑞穂の国に発展させ、人々の命と日本人の魂を育てて下さった母なるお米であることを決して忘れてはなりません。そういった意味から、もっとも大切なお米のまつりごとである神嘗祭・新嘗祭を、そしてそれを私ども日常家庭生活の中で生かす大切な行いとして食事作法について書かせていただきました。

四　日本の伝統芸能を支える宗教心

能楽と観音さま

よく芝居、蒟蒻《こんにゃく》、芋、蛸《たこ》、南瓜《なんきん》と申します。これは御婦人方のとりわけ好まれるものを並べた言葉です。そこで芝居、蒟蒻、芋、蛸、南瓜の筆頭であります芝居について、そして日本のお芝居にはその中に仏教の思想が大変色濃く含まれていますので、そうしたこともからませて私の蘊蓄《うんちく》を傾けさせていただきたいと思います。

蘊蓄を傾けると申しましても、それはあくまでも私が龍谷大学の学生時代の恩師と仰ぐ深浦正文先生（龍谷大学名誉教授で私の学生時代のみならず卒業後も先生がお亡くなりになられるまでずっとご指導を受け続けた仏教学の大家で、芸能についても造詣深い先生でありました）からお聞きしたお話を皆さん方にお取次させていただくにすぎないということを、借りものの蘊蓄であることを、まず申し上げておきます。

日本の芝居といえば、それを代表するのは何といっても歌舞伎です。歌舞伎の始祖は出《いず》雲《も》の阿国《おくに》（安土桃山時代の頃の人）であるといわれています。つまり、その阿国が京都の四条河原で男装して茶屋の女と戯れる踊を人に見せたのが「かぶき踊」と呼ばれ、それが歌舞伎の源であるとされています。しかし、こうした歌舞伎をはじめ日本の芸能の源泉をたどれば、今から千四百年近く前の推古《すいこ》天皇の御代に遡ります。

『日本書紀』巻第二十二、推古天皇二十年に百済《くだら》から味摩之《みまし》という人が伎楽《ぎがく》（古代インド、西域、チベット地方で生まれた仮面音楽劇）を伝え、呉楽ともいわれていますが、それを聖徳太子がたちどころに受けいれられ、桜井（今の奈良県桜井市）に少年達を集めて伎楽の舞を習わせたと記されています。この伎楽が奈良時代に入って舞楽へとつながるのです。

伎楽に用いられた伎楽面（舞楽に使用された舞楽面よりも大きい仮面です）は今なお、正倉院や東大寺、法隆寺などに保存されていますが、伎楽がどちらかといえば一般大衆的であるのに対し、舞楽は蘭陵王《らんりょうおう》や還城楽《げんじょうらく》、胡蝶楽《こちょうらく》など皇室、奈良の春日大社や晃曜会に、そして大阪の四天王寺などに伝えられています。とにかく何にせよ伎楽が大和をはじめ日本各地に伝習され、それが種々の芸能を生み出していくのです。ですから、伎楽は日本芸能発祥の源であるといえましょう。この伎楽は昭和五十五年に行われた東大寺大仏殿の昭和修理落慶法要の際に天理大学雅楽部によって復興され、昭和五十九年十一月十八日、薬師寺での玄奘三蔵院の起工法要の行列にも参加され、人々から喜ばれました。

こうして平安時代には猿楽《さるがく》（面白おかしい物真似や言葉芸を中心としたもので、広義には田楽《でんがく》も含まれています）が生まれます。この猿楽の中の上品な部分が室町時代に貴族的発達を遂げて能となり、同時に猿楽本来の笑いを主とする形を整え狂言《きょうげん》が生まれ、それらは猿楽の演目として併演されて能楽となるのです。能楽はさらに武家階級においては刀や長刀を振りかざす演目等、いうなれば「治に居て乱を忘れず」の精神を養いつつますます発達してまいります。一方、猿楽の中の狂言よりもさらに広く大衆受けする部分が一般向きに発達したものが歌舞伎であります。

ここで歌舞伎、すなわちお芝居の話に入る前に、能楽の発展過程とそれに続いてもう一つ浄瑠璃について説明しておこうと思います。

室町時代初期に能役者でもある観阿弥清次《かんなみきよつぐ》という人が出て、この観阿弥が現代に至る能楽を案出した、いわゆる能楽の始祖であるといわれています。観阿弥は伊賀の出身で、両親は大和長谷寺の観音さまを厚く信仰する人でした。両親は生まれてきた子供にどのような名前をつけたらよいか観世音菩薩におうかがいしたところ、観音さまは観世（みよ）と名付けるように教えられます。そこで両親は生まれた子供にその観世をいただいて観世丸《かんぜまる》と名付けました。この観音さま、すなわち観音菩薩の申し子ともいうべき観世丸が後に芸名を観阿弥と称するのです。

観阿弥は生国伊賀で猿楽の一座を組み、大和に進出、結崎《ゆうざき》（今も近鉄電車橿原線に結崎駅があります）に大和猿楽四座の一、結崎座（後の観世座）を設けてその結崎座の初代太夫として、そこで興福寺の庇護のもと演能を続けます。それが室町幕府三代将軍、足利義満の台覧《たいらん》に浴したことから、長子である弱冠十二歳のあどけなき藤若丸と共に将軍に認められ、以後大和猿楽の向上をはかり、屈指の能楽師となるに及ぶのです。そしてこの藤若丸が後の世阿弥元清で結崎座二代目の太夫となります。

世阿弥は能の修行や演出論である『花伝書《かでんしょ》』（風姿花伝の通称）のほかに「老松」「高砂」「清経」「実盛」「井筒」「砧《きぬた》」「融《とおる》」「班女」など数多くの謡曲（能の脚本で謡のこと）をも著わしたまこと名文の人でした。そのあとを継いだのが世阿弥の甥《おい》にあたる音阿弥ですが、彼もまた、六代将軍義教の庇護のもと大いに力を発揮して、能楽の道をますます盛んにしました。このように観阿弥、世阿弥、音阿弥以来、奈良、京都を中心に今日に続いてきたのが観世流の能楽です。

観世流の名は勿論創始者である観阿弥の幼名観世丸に由来するのでしょうが、観世丸とは大和の長谷観音よりつけていただいた観世からきている、つまり観世音菩薩に由来しているところから、観世流の能楽には観阿弥の両親がこよなく信仰された観音さまのおはたらきをうかがうことができます。先日、観世喜之師の「源氏供養」を拝見しました。このお能は、紫式部は石山寺の観音さまの化身《けしん》であって、この世の中が無常であることを人々に教えるために『源氏物語』を書かれたという物語でありました。

因《ちな》みに現在能楽には観世をはじめ宝生、金春《ほうしょうこんぱる》、金剛、喜多の五流がありますが、観世、宝生、金春、金剛が大和猿楽の四座で、そのそれぞれが現代能楽の流派につながっています。

それにしても能の脚本である謡曲（謡）には、「百萬」「盛久」「江口」「墨田川」「弱法師《よろぼし》」「卒都婆小町《そとばこまち》」「杜若《かきつばた》」「山姥」など、仏教の思想、信仰がその中に奥深く含まれて流れているので、観阿弥、世阿弥等作者の該博《がいはく》なる知識に私どもはただただ驚嘆させられるばかりです。これは観世流が観音信仰に深く関わっていることが勿論原因の一つではありましょうが、それにも増して謡曲が成立した時代の社会常識の仏教への深い理解と、能楽を鑑賞する人々の仏教思想への深いたしなみが察せられます。

薬師信仰と浄瑠璃

浄瑠璃の名は文楽《ぶんらく》を通じて皆さん方もよくご存知のことと思いますが、これは本来、薬《やく》師瑠璃光如来《しるりこうにょらい》の在《いま》す世界、東方浄瑠璃浄土《とうほうじょうるりじょうど》から出ている言葉です。室町時代に平家琵琶の琵琶法師《びわほうし》が琵琶を弾いてひろく大衆に迎えられた語り物の音曲《おんぎょく》の中で「浄瑠璃姫物語」が大変好評であったところから浄瑠璃がこうした一類の語り物となったのが浄瑠璃の始まりです。それでは何故浄瑠璃姫の名がつけられたのかといいますと……。

徳川家康の出ました三河の国に矢作《やはぎ》川の流れる矢作という所があります。その矢作の宿の長《おさ》夫婦には年をとっても子供がなかった。そこで子供を授かるようにお薬師さまに願《がん》をかけたところ、霊験をいただいて一人の女子を授かりました。そこで薬師如来の浄瑠璃浄土よりたまわりし申し子とて「浄瑠璃姫」と名付けられたのです。その浄瑠璃姫が輝くばかりに美しく長じるに及び、金売り吉次と共に奥州に下る途中、矢作に立ち寄った牛若丸と恋に落ちます。この牛若丸と浄瑠璃姫の恋物語を平家琵琶にのせてふしをつけてうたったものが大流行致しました。この他にもいろいろな語り物があったのですが、先に述べましたように浄瑠璃姫の物語が殊に広まったところから、こうした一類のものすべてを浄瑠璃と呼ぶようになって今日その名で親しまれてきています。

さらに薬師如来は薬師の十二上願《じょうがん》といって十二の大願を持っておられます。そして十二神将がこの浄瑠璃世界を守護しておられます。この十二神将のお像で有名なのは、奈良春日山の麓にある新薬師寺の十二神将です。そんなわけで浄瑠璃姫物語の中にも浄瑠璃姫にお仕えする侍女が十二人出てまいります。それからこの浄瑠璃は十二段で語られているところから十二段草子ともいわれていますが、これらすべて薬師如来のたてられた大願の十二にあやかっています。ですから、浄瑠璃も仏教とぬきさしならぬ関係にあることがお分りいただけると思います。殊に薬師如来の浄瑠璃浄土を讃嘆したことにその起源があり、薬師信仰と国民大衆とのご縁の深さを物語っています。

この浄瑠璃は最初、琵琶を伴奏に語られていたものが、やがて琉球（沖縄）から渡来した蛇皮線を基に作り出された三味線にのせて語られるようになります。そうしてこの浄瑠璃・三味線にあわせて作中人物に扮装した人形を操る人形浄瑠璃が生まれてきます。さらに江戸中期になって浄瑠璃作者の近松門左衛門が現われ、浄瑠璃語りの名人、竹本義大夫と提携するに及んで、浄瑠璃はその中にそれまで以上に劇的な深さが加えられて一大変革を遂げるのです。爾来、近松門左衛門以前の古い浄瑠璃を古浄瑠璃、近松以後の新しい浄瑠璃を新浄瑠璃と申します。竹本義大夫は江戸時代前期も末の貞享二年(西紀一六八五年)、大阪道頓堀に竹本座を設けて操《あやつり》芝居（人形浄瑠璃）を興行し、やがて近松の作った浄瑠璃を語って人形浄瑠璃（今の文楽）を大成するのです。そしてそれは、人気或いは評判において当時すでに流行していた歌舞伎劇（歌舞伎のこと）を一時は圧倒するに至った程であるといわれています。これは何といっても近松と竹本義大夫の力に負うところ大なるものがありました。

なお、近松は浄瑠璃だけではなしに歌舞伎脚本の作者でもありますが、彼の作った浄瑠璃をはじめその他多くの浄瑠璃が歌舞伎でも上演されるようになります。ですから、たとえば「忠臣蔵」の場合でも、上演の際には必ず幕開きの最初に操人形から歌舞伎の人物に移行する所作《しょさ》を表現していますが、それにはこうした人形浄瑠璃の流れをくむ歌舞伎が、作品において先輩である浄瑠璃に対しての敬意をそこにあらわしていることがうかがえるのです。まことに筆が外れて恐縮ですが、ここで不思議なめぐり合わせについて附記させていただくことをお許しねがいます。

出雲の阿国の〝かぶき踊〟

芝居について私の蘊蓄《うんちく》を傾けさせていただくなどと言っておきながら、その前座的な話に終始してしまいました。そこで今こそ深浦正文先生からうかがったお芝居のお話を思い出し、先生の「宗教と芸術」なるご著書と首っ引でするところの歌舞伎談義をじっくりとおよみいただきたいと思います。

因《ちな》みに芝居とは、芝に居るとの意で、もとは舞台に対しての観客の場所を指した語です。

すなわち昔は劇場といったものはなく、河原や空地で演じられたわけですから、能楽でも歌舞伎でも観客の桟敷《さじき》はなかった。そこで観客の座席の事として芝居の語が出来たのです。その結果、猿楽の芝居、能楽の芝居というように用いられ、後には特に歌舞伎の代名詞の如くに多く用いられるようになったのです。

さて、前にも少し話しましたが、歌舞伎の始祖《しそ》は出雲の阿国《おくに》で、その阿国が京都の四条河原で男装して茶屋の女と戯れる踊を人に見せたのが「かぶき踊」と呼ばれ、それが歌舞伎の源であるとされています。ですからもとは歌舞妓と今の伎の字が妓であったということです。然し厳密には歌舞伎は「かぶき」と仮名でかくのが適当であって最初はそうでありました。

そもそもかぶきとはかたむく（傾く）が古くはかたぶくとよまれ、それと同じ意味のかぶくがそのまま名詞化されてかぶきとなった由です。そしてその中には、まじめを欠いた放縦《ほうじゅう》、滑稽、好色、遊蕩、堕落の意味が含まれています。女性が男装をして好色的で滑稽な煽情的な所作で踊ったのでかぶきと名付けられ、永年続いた戦乱に疲弊しきった庶民の生活の中にとけこんで爆発的に流行したのです。

出雲の阿国は安土桃山時代から江戸時代初期の人で、一般に出雲大社の巫女《みこ》であったと言われています。それが出雲大社社殿修復の為に諸国を勧進しながら慶長八年（西紀一六〇三年）頃、京都四条河原で神楽舞や念仏踊（僧衣をまとい鉦《かね》を叩き、念仏にふしをつけてうたい踊ったもの）をしているうちに、阿国はそれを一層派手に大胆に華美な踊へと展開させて人気を獲得していったものと思われます。

こうして阿国の評判が高まるにつれ、それを真似て追随する者が次から次へと出てきて、遊女達が各地に舞台を設《もう》けて見物人を引きよせるようになってきました。するとそれらはみんなかつて、「浄瑠璃姫物語」が大評判を得て一類の語り物すべて浄瑠璃とされたように、阿国歌舞伎、または女歌舞伎と呼ばれるようになり、その中には男性のまじった一座もあったようです。しかし時が経つにつれてただ男女が変装して歌い踊っているだけでは観客の興味をひく事が出来なくなり、いわゆる物真似と称せられる狂言的要素が望まれるようになってまいります。

こうした時期、阿国には幸いにも力強い提携者として名古屋山三《なごやさんざ》なる男性が現われ、彼が阿国の歌舞伎踊を物真似スタイルの、つまり能楽の狂言めいたものに発達させるのに大きな力を与えたのです。こうして歌舞伎踊は阿国一座のみならずそれに追随して生じた多くの遊女一座も含めてそれぞれが幼稚な見世物の域を脱して、演劇として高尚な歌舞伎の性質をそなえるように進んでいき、阿国歌舞伎、女歌舞伎の名称が厳然と動かぬものとなったのです。そこに今の歌舞伎には遠く及ばぬとしても、阿国をはじめそれを模倣した女性達の効験は歌舞伎史上決して忘れ去られるべきものではないと共に、その筆頭格の阿国が歌舞伎の始祖といわれる所以《ゆえん》でもあります。

ところで阿国歌舞伎、女歌舞伎は阿国が京都でかぶき踊を始めたと伝えられる慶長八年以後、寛永六年（西紀一六二九年）まで約二十六年間続くのですが、風俗を紊乱《びんらん》させて社会に大きな害を及ぼすとの理由で寛永六年に一切禁止されてしまいます。爾来、男性のみによる歌舞伎が生まれ、若衆歌舞伎《わかしゅ》（前髪立の美少年を主体としたもの）、野郎《やろう》歌舞伎（若衆歌舞伎が禁じられた結果、少年が前髪を剃って大人の野郎頭にして舞台に立ったところからそう呼ばれた）を経て大人が演ずる芝居として大きく発展してまいります。

そして舞台も、花道や観客との間に引幕が出来るなど改められ、役者の役柄も立役《たちやく》、敵《かたき》役《やく》、女形《おやま》、道化《どうけ》役者等各自専門的にふり分けられるようになってきました。こうした径路から今日見るような劇としての歌舞伎が漸次大成の域に進み、それが元禄時代に入るや市川団十郎、坂田藤十郎等東西名優の輩出と相俟《あいま》って、歌舞伎はわが国独自の芸術に完成されました。

なお、女形とは本来、操人形の女形の意でそれが江戸時代前期の頃、江戸の人形遣い小山次郎三郎という人が巧みに乙女の姿を遣《つか》ったところから小山人形と呼ばれ、後に歌舞伎で女形と称されるに至ったのです。

しかしこの歌舞伎とて何の抵抗もなくスムーズに発展したわけでは決してありません。徳川幕府の儒教主義の政道から見ればどちらかと言えば享楽的な歌舞伎劇は甚だ好ましからぬものでありましたが、それを文化政策として許可せざるを得なかった、つまり風教上よくないとは十分承知の上で、政治的、経済的にやむなく許可したのであって、いわゆる必要な悪所として、積極的に力強く生きぬよう、かといって死なぬようにといった取扱いを受けたのです。

従って役者をはじめ歌舞伎関係者がいろんな圧迫と苦悶に喘《あえ》がざるを得なかったであろう事は十分に察せられます。これは将軍の手厚い保護のもとにすくすくといとも順調に発達した能楽などに比べればまことに雲泥の差と言うべきであったでしょう。にも拘らずこうした逆境の中で三百年、わが国の歌舞伎劇が世界的な一大芸術として発展を遂げたことについては何よりも芸一筋に精進を続けた役者は勿論、当事者の人々の忍苦努力の賜物《たまもの》であると言わねばなりません。

そしてそこに彼等が、とりわけ役者がそれなりに宗教信仰に徹する事によって如何におのれの芸を磨きあげるべく邁進したであろうか、察するに余りあるエピソードが巷間多々伝えられています。それについて取って置きのお話が、と申しましても比較的有名な話ではありますがそのひとつをご紹介いたしておきます。

忠臣蔵定九郎役扮装苦心の物語

徳川十代将軍家治の治世、明和三年（西紀一七六六年）九月のこと。江戸市村座（中村座、森田座と共に江戸三座の一）の秋季興行は久々の役者揃いというところから吉例の「忠臣蔵」の通しが上演される事になりました。忠臣蔵、詳しく言えば『仮名手本《かなでほん》忠臣蔵』は浄瑠璃作者竹田出雲らの作品で、最初は操《あやつり》人形浄瑠璃として上演されたものです。それが初演以来、大変な評判で、この忠臣蔵が操りにも歌舞伎にも不朽の狂言として今に至るまで劇界の至宝ともてはやされることとなったのです。

さて、市村座の秋季興行の時、一座の中に初代中村仲蔵という役者がいて、彼に振りあてられた役が五段目の定九郎の役でした。仲蔵は浪人の子であったそうですが、初め長唄の名手の養子となり、後に長唄よりも、太い地声など役者の方に適しているからと二代目中村伝九郎の門に入って役者としての修業を積むうちにめきめき上達し、四代目市川団十郎に認められ、世人の注目をひくようになりました。それだけに当時三十一歳であぶらののりきった仲蔵にとって定九郎一役はいかにしても不満で、判官、師直《もろなお》、勘平とまでゆかずとも、もう少しまともな役をやりたかったのは至極当然でありました。

大体この定九郎の出る五段目の一幕を芝居仲間では当時弁当幕と言って軽蔑していたのです。忠臣蔵はその舞台効果を狙って陰陽表裏綯《な》い交《ま》ぜの技巧を尽して書かれたものです。すなわち大序兜改めの場は鶴ヶ岡八幡宮の神前、足利直義公を正面に、執事高師直《こうのもろなお》を上位に桃井、塩谷《えんや》の両饗応役をはじめ、数多《あまた》の大小名居並ぶ前に艶麗花の如き塩谷の妻女顔《かお》世御前《よごぜん》がおもむろに兜を改めるという、まことに豪華絢爛たる場面で、いかにも一曲の大序にふさわしい華やかな陽で始まっています。

それをうけての二段目がいわゆる松切りの場で悲壮なる陰の場面になっています。次の三段目は刃傷《にんじょう》の場でまっこと騒々しい陽の場面、それを受けた四段目は判官切腹ならびに城明け渡しという全篇中最も悲愴沈痛を極めた陰の場面です。こうした四段目を受けた五段目は当然陽で開かれるべき筈のところを山崎街道の淋しい夜景、しかも登場人物二、三名で強盗、殺害という極めて陰惨な場面になっています。そして次の六段目は勘平腹切りの場でもとより悲劇的な陰の場面です。こうして七段目一力の茶屋場に至ってはじめて本当に華やかな陽の場面が展開されるのです。

そこで陽で開かれねばならぬ五段目が陰でふさがっている為に陰が三幕も連続し、しかも前後の四段目と六段目は正に全篇における悲劇の最高場面とて、中にはさまった五段目が一番分《ぶ》が悪く、それがために一向に重んぜられず、従って観客の方もこの場を少しも喜ばなかったのです。その上たまたま当時の芝居は早朝より興行されていましたので、丁度五段目頃が昼食時にあたり、それをいい事にしてみんなが弁当を使い、その結果弁当幕と呼ばれ、観客に見てもらえぬ幕として甚だ軽蔑されていたのです。

そんなわけで、この弁当幕に出る役者は決して名誉ではなく、極めて軽く取り扱われていたようです。それが名優として貫禄のそなわりつつある仲蔵に振りあてられたのですから、そんなつまらぬ役なら出るのをやめようかと仲蔵は師匠中村伝九郎の所へ相談に出かけます。すると師匠は弟子の不心得を責めて説得します。ここが大事なところです。

「役者というものは自分の芸の力で与えられた役をより立派な地位に生かすべきでこそあれ、決して役の地位によって自分の芸を価値づけるべきではない。もしそんな料簡をもっているなら、それは卑怯も甚だしいと言わねばならぬ。お前が定九郎役を不足に思うなら、なぜ自分の芸の力で今日のそれをさらに高い役どころに引き上げようとしないのか」。

それを聞いて仲蔵は全く師匠の言葉通りだと思い改め、それからというもの定九郎役を自分なりに如何に引き上げるべきか日毎夜毎一心不乱に考え続けます。しかし、舞台における所作《しょさ》が短時間の上に見せ場の全くない役柄ですから、いい考えの生み出せよう筈がありません。そこで仲蔵はもうこの上は神仏の加護をねがうほかないと、かねて霊験あらたかだと聞いていた柳島の妙見《みょうけん》様に三七《さんしち》二十一日の願《がん》かけの日参をはじめます。彼としてはまさに人事を尽して天命を待つ、の心境だったでありましょう。

雨の日も風の日も、焼けつくような炎天の日もいとう事なく日本橋人形町の自宅から本所の柳島迄の日参です。しかし、何日経っても霊験が得られぬのみか、一向に妙案が浮かんできません。いよいよ市村座の初日も迫り仲蔵としては気が気ではありません。遂に二十一日目、満願の日がやってきました。が、依然何の霊験も感応も得られず、彼はもう精も根も尽き果て、がっかりと気抜けした様子で夢遊病者のようにふらふらとさ迷いながら帰途につきました。

そのときです。一天俄《にわか》にかき曇って夕立ちが――篠つく豪雨に雷鳴までとどろいてのものすごさ。さ迷い歩いていた仲蔵もさすがにたまりかねて駈け出し、居酒屋らしい一軒家の軒下に飛び込んで雨宿り。しばらくして小降りになった頃、居酒屋の中から蛇の目の相合傘で若い男女が駈け出して行きました。二人共裾をからげ素足で、男の方は二十七、八歳、雨にぬれた五分月代《ごぶさかやき》、黒羽二重の紋付着物に朱鞘《しゅざや》の大小落し差し、後帯の結び目に雪駄を裏合せにはさんでいるのがなかなかスカッとして威勢がいい。そしてからげた裾の、下に真っ白な二本の足が練馬大根のようにニュッと出ている。それが半ば破れた蛇の目の傘を女にさしかけて、小雨の中をすたすたと駈け出して行く、一見旗本の息子らしいおのずとそなわる人品骨柄、そこへもってきて黒羽二重と朱鞘と白い足と破れ傘と――それらがみごとに交錯してすごい程美しい調和のとれた感覚をわきたたせる出で立ちであります。

それを眺めた仲蔵は思わずあっと叫んで雨中もかまわず二、三歩あとを追い、その姿に見入ったのでした。そして次の瞬間口をついて出た言葉が「出来た！」、とばかり手を打って独りごち。話がこのところあたりになってくると深浦先生の唇辺に白い泡があふれてきます。先生ご自身、話に酔うが如くに天井の一角に目を据えて、御覧になった舞台の状景を脳裡に思い浮かべつつ語っておられるのでありましょう。幾度聞いても興味津々《しんしん》、身をのり出して聞かせていただきました。

先生は仏教学者ですが、この深淵な仏教を如何にも平易に民衆生活の中に啓蒙をおもんばかられたお方でした。日本文学や芸能の底に流れる仏教思想を汲みとってきて披《ひら》き見せては人々を誘い続けて下さいました。それは先生の独壇場です。恰《あたか》も先生のお姿が舞台の名優のそれにさえ見えてきます。聴衆はしんとして水を打ったように聞き入るのでした。私が歌舞伎に心ひかれて足繁く通うようになったのはやはり先生の影響を強く受けてです。

絶妙の芸道三昧

さてご利益があって、定九郎の趣向が此処にようやくのこと定まりを得たのです。そうだこれだと、これまでにない型破りの定九郎で、これこそ無類の妙案！「妙見様のおかげだ！」と喜び勇んで家にたどりつきました。

従来の定九郎は殺人強盗の大悪人というのでその扮装も見た目もいやな山賊姿でしたから、観客から全く無視されていました。しかし仲蔵の考えでは、定九郎はかりにも千五百石取りの家老の息子である。ならば家中の分散以後こそ流浪《るろう》の末、強盗にまで落ちぶれたとしても品位はあるはず、衣類、持物においてもただの盗賊とはわけが違う、そこで雨中に駈けて行った旗本の息子らしい出で立ちがこそ定九郎の扮装として相応《ふさわ》しいはず、というのが彼の考えでありました。

こうして仲蔵は髪から衣装に至るまですべて自分の考案通りの定九郎で舞台に立とうと決心しました。それに加えて弁当幕の観客をして何としてでも舞台に目を向けさせるべく幕開きにかの雷鳴を聞かせる事を思いつくのです。

さて、市村座の初日はあけられました。大変な人気です。大序、二段目、三段目、四段目と好評裡に進んでいよいよ五段目です。観客は例によって弁当幕という事でだれも舞台を見ようとしない。ところが幕開き早々に稲光りが明滅したかと思うと強い雷鳴、続いて烈しい落雷の音に観客は度肝をぬかれ、弁当を使うのをやめて一斉に舞台に目を向けたではありませんか。

さらに「おうい、おうい老爺《おやじ》どの、よい道連れ」と呼ばわりながらつっとあらわれた定九郎！（これは当時の演出によるしぐさです）見ればいつものきたない山賊姿ではなく、頭の先から足先まですっきりとした浪人の風体、殊に半ば破れた蛇の目傘を左肩にさしかけ、与市兵衛と二言三言やりとりをかわしたかと思うと、手早くぐっと突き刺し、血の滴る刀を右手に、奪った財布を口にくわえて舞台の真中につっ立ったその姿！　例の五分月代《ごぶさかやき》、黒羽二重小袖に朱鞘の落し差し、後帯にはさませた草履も威勢よく、真白に塗りたてた両手を二の腕までたくし上げ、両足を尻からげの下からニュッと出し、前方目ざして見えをきったあくまでもふてぶてしいその形相！　それは正に凶悪美とも言うべき凄愴と残忍との交錯した悪漢そのものの姿でした。殊に、財布の紐を首に掛け中身をかぞえてにったと打笑み「五十両とは忝《かたじけな》い」と独りごつあたり、生来のの太い音声がひときわ役立って、観客はただもう息詰まるような圧迫をのみ感じて唸りのざわめきが聞えるばかり。まことに無類の定九郎であって、絶妙の芸道三昧がそこに展開されたのであります。と語り続けられる深浦先生はいよいよ興を加え、まさに陶酔の裡に遊ぶ怡々《いい》として陶然忘機の境を催させられるのでありました。

勿論これは観客の大評判をかちとり、師匠伝九郎からも大層な褒め言葉を得たこと言うまでもありません。その結果、初代中村仲蔵の名声はとみに上がり、以来定九郎役は彼の工夫による扮装が用いられ、しかもそれが座頭格の役者の持役と定められて今日に至っています。

このように歌舞伎の一役者と言えども、その与えられた役に対する工夫案出に血の滲む努力を重ね、悶え苦しんだ末、おのれの全身全霊を投げ出して神仏にすがり、その加護によって事を為し遂げようとの敬虔なる宗教信仰に到達し、芸能精神に至ったその真摯なる態度には驚嘆、敬愛のほかありません。これは一人仲蔵のみならず名優と仰がれた役者が一つの役を完成させる為に如何に精進努力し励んだことか。そしてその心の奥底には、仏教をはじめとする宗教信仰に徹してこそ為し得られるのだとの、美しくも烈々たる信念が脈打っているであろうとの思いを覚えずにいられないのです。

それは彼らの信仰は正当なる宗教的立場から見れば単なる現世祈祷に止まる幼稚なものかもしれません。けれども役者としての務めを人間以上の威力にすがり、その結果が果して神仏の霊験によるか否かはともかくとして、それに対する信念によって完成への加護を仰ぐほかに道はないとまで思いつめて精進やまなかったその気魂、真摯なる誠意は賛嘆のほかありません。

これは現在でもそうだと思います。片岡仁左衛門さんが神仏のご信仰の深い方であることはよく聞きますが、丈自身ご先祖供養に関しての書物の著者であります。民謡の世界で名をなしている三味線の若い家元でありますが本條秀太郎さんの話を彼の中学時代の中村理基先生から聞いたのですが、遊びたい盛りの頃から手指を傷めてはならぬと、自分が芸の道に思いを定めて決してそうした危険ある遊びには加わらなかった、やはり名人になる人は小さい頃から自覚が違ったと今にして思うとの話でした。この秀太郎氏もまたお母さんの薫化漂うて神仏への信心をあたためる人で殊に故郷茨城県潮来の慈母観音様のおもりを大切にする心がけの人です。とにかく今日でも歌舞伎の役者さんをはじめ芸能の世界に神仏を大切にして信仰する方は多くおられます。そしてこれらの人々は皆さんが謙虚です。名古屋の西川右近さんも若い西川流の家元ですが、私が御仏前で読経し終って目があった時に合掌の瞼に涙をためて礼拝する人です。

昭和十八年の顔見世であったと思いますが、やはり芝居好きであった母に連れられて京都の南座へ行ったことがあります。私の最初の芝居見物でした。十五世名人市村羽左衛門の石切梶原であったと記憶していますが、その時の母の面影や深浦先生から学生時代以来お聞かせいただいたお話や、「わが先祖は由緒ある源氏方、当時平家にくみすれど」の石切梶原の舞台景色などを思い出しつつ、また先の初代中村仲蔵扮装の苦心談は何かにつけて、マイナスをプラスにいかす、また災いを転じて福となすというみずからの人生を創り出してゆく努力の支えとして励ましを受けていることなどをよもやま思い出しながら語らせていただきました。

思えば私どもが観劇するその一幕、一場、これは先人が命を傾けつくして、先人にとっての未来世である私ども、今の世にのこして下さった遺産の結晶の華です。先人たちのそれを今私どもがいただいているという事になるのであります。私どももまた私どもの来世の豊かな利益安楽《りやくあんらく》を心ざさねばなりません。そのための努力、それは単なる努力でなく、精進を心がけるということで、この精進を日々の生活のなかで親の姿として、大人の姿としてつとめてゆく、これが私たちが人の世の中を大切にする、親として大人としてのお役目ある姿ではないでしょうか。

精進するという言葉を生活の中に思い出して下さい。精進は決してお肉やお魚を食べないということばかりではありません。正しい目的に向って、つとめはげんで、人々の幸せのお手伝いをさせていただくのが精進するということです。

五　死というお命の遺産に支えられた平和と繁栄

死をどう受けとめるか

親が子に、子が親に、夫が妻に、妻が夫に、それぞれお互い慕わしい者が残し合う最大の遺産は何であろうか、と考えるのです。私は子供の命・身体は何としても親の遺産であることは勿論ですが、厳粛な死というそれ自体がこそ最大の遺産であると申し上げたいのです。遺産といえば金銀財宝、書画骨董、動産不動産、或いは事業等その他いろいろありましょう。けれども果してそれらを最大の遺産であるといえるでしょうか。昔から「泣くも泣くも良い方をとる形見分」とか、また、いやな言葉ですが、「兄弟は他人の始まり」という諺《ことわざ》さえあります。まして今の日本の法律のもとでは兄弟は他人の始まりどころか、金銀財宝等財産あるが故に親子でさえがかえって敵《かたき》同士の関係に陥れられること世間にしばしばです。そうした魔物にもなりかねないものをどうして最大の遺産であるなどといえましょう。

この様に考えた場合、私は死それ自体がこそお互いそれぞれの最大の遺産であると申したいのです。そして最大の遺産である死をどのように受けとめてそれをどのように生かさせていただくのか、それが後に残った者の先立たれた方に対する最も大きな役目《おつとめ》であると思います。その死をどのように受けとめ、それをいかに生かしてゆくのか、それによって、先にお亡くなりになったお命をよりよい死後の世界、そして来世に生きていただくことになり、またそれがあとに残った者たちにとってもまたよい来世に生かしていただく基礎がいただけるということになるのです。冥福《めいふく》という言葉がありますね。つつしんで御冥福をねがいますというあの弔電などの時に使われる言葉です。この冥福は死んでのちの来世の幸せということです。

私どもは今、仏法という尊い仏さまの御遺産の中に心のぬくもりと生きる魂の養われをいただいております。これはお釈迦さまに、お母さまとの死別というお出合いがあったればこそのことです。お釈迦さまのお母さま、摩耶夫人《マヤぶにん》（ブニンとよんでいただきます）はお釈迦さまをお産みになって七日目にこの世を去っておられます。カピラヴァストゥ（迦《カ》毘羅衛国《ピラエ》）という小国ではありましたが、その国の皇太子としてお生まれになったお方でありますが、最愛のお母さまを一目といえども記憶の中に残すことのお出来にならなかった生い立ちの可哀相な赤ちゃん、お名前はゴータマ・シッダルタと申しました。このお方が後にお釈迦さまになられました。

けれどももし、このお母さまとの死別というあまりにも悲しいお出合いがなければ、釈迦牟尼という宗教的偉人はこの世に出現ましまさなかったかも知れません。お母さまの死がゴータマ・シッダルタをして人の世の無常を感じさせると共に、気を宗教的な方向に向かわせ、その御修行の後、悟りを開いて釈迦牟尼仏となり給いました。その釈迦牟尼仏が説かれた教えが仏教です。つまり摩耶夫人はゴータマ・シッダルタの肉体をお産みになり、七日後の死によって法身《ほっしん》の仏陀の誕生をうながされたのです。このお母さまが死によってその御遺産とも申すべき仏法のふところにあたたかく懐いていただいているのが私どもであります。

くだりましていわせていただきますと、私の場合も小学校四年の時に亡くなった父親との死別という出合いがなければ、私が今、住職を勤めさせていただいている薬師寺とのご縁はおそらくなかったでありましょう。幼くして父親と死別した私という可哀相な子供を、橋本《はしもと》凝胤《ぎょういん》という師匠が拾って育てて下さったのです。私が薬師寺のお世話になったのは小学校五年の時、昭和十年でしたから、昭和六十年で丁度五十年間この薬師寺にお世話になってまいりました。もし、父の死がなければ私は今日、僧侶としてこの仏縁にめぐり合わせていただくことはなかったと思います。小僧の頃は小僧生活の辛さに「お父ちゃんさえ生きていてくれたら」と亡くなった父親をすら恨んだこともありました。

それが今にして、父の死別との出合いが私の今日をこのようにあらしめてくれているのだと思うにつけて、父が私にのこしてくれた私のこの命と、そして父の死それ自体が、父が私に残してくれた大いなる遺産であったのだと思わずにはいられないのです。死という最大の遺産をどのように受けとめ、それをどのように生かすか、それが私どもあとに残った者の先立たれた方々への大切な務めであります。またこれが先にお亡くなりになった方々をよりよい来世に生きていただく大切な私達の務めです。この務めをおこたってはなりません。

過去のおかげを不真面目にして未来ゆたかに栄えたためしはございません。それは国に於ても、家に於ても、勿論個人の生活に於てでもであります。この観点に立って、一度、慰霊法要ということについて、皆さん方と共に考え合わせていただきたいと思います。

大正十三年生まれの私は、勿論戦中派です。軍隊生活の経験者です。私はたまたま内地で終戦を迎えましたので、今日迄命の永らえをいただいていますが、多くの友人が戦死しています。あの大東亜戦争では三百十万人をこえる方々がお亡くなりになっておられます。

その三百十万人をこえる方々のお命のご遺産が今日の日本の平和であり、繁栄であるのだということを、私達は決して忘れてはなりません。

私達人間はすべて身体で行う行為、口で話す言葉での行為、心であれこれ思いめぐらす、これは意《こころ》の行為です。つまり身・語・意の三つの行為で以て生き続ける存在それが私どもです。仏教では三つの行為をひっくるめて業《ごう》と申します。ですから仏教的にいえば私どもお互いは業的《ごうてき》なる存在であります。行為的な存在です。その業にも一人ひとりが行う個人的な業もあれば家族であるが故の共通の業（共業《ぐうごう》）もあります。共業にはまた、どうしても受けねばならない国民共通の共業、そして国が国としてあらねばならぬための国の業があります。

この日本の国民、国家としての共業の所感を背負い、或いは背負わされて私どもの身代りとなって三百十万人をこえる方々が亡くなって下さっているのです。その尊いお命の、すなわち死の御遺産が、今日の日本の平和であり繁栄であります。それだけに最大の御遺産であるその尊い死をどのように受けとめ、どのようにこれを生かしてゆくのか、それが後に残った私どもの日本人としての大切な務めであるという事にしっかりと強く目覚めねばならないと思います。

それにしても私どもは今、そのお命の御遺産そのものともいうべき平和と繁栄をいただくに相応《ふさわ》しい日々の生活を送っているといえるでしょうか。尊いお命の御遺産をのこして下さった英霊など御遺霊に対し、日本人として申し訳のたつような真面目な生き方をしているでしょうか。

否、それこそ便利と贅沢と欲望に満ち溢れた平和と繁栄に馴れた心の驕《おご》りに対する報いの末恐しさを思わずにいられない現状です。私自身もこうして人さまにお話を申し上げたり、お読みいただく場合などもっともらしいことを話したり書いたりしておりますが、それこそ便利と贅沢と欲望の生活に埋没してゆく不真面目な生活者です。そんな自分の申し訳なさを思うにつけて、毎年、南の島々、或いはビルマ、シベリア等慰霊法要の旅に上らしていただかねばいられない気持にひかれて旅に出させていただいています。

しかし、御慰霊と申しましても私どものような生ぐさにして怠惰な僧などのお経ぐらいで御霊のお慰めが出来ると思うことなどまことにおこがましい次第です。何しろガダルカナルは勿論のこと、ニューギニア、フィリピン、ビルマ、グアム、サイパン、その他いずこの戦場においても私どもごときがお慰め申しあげることのできるような生やさしい死に方をしてはおられません。ただ慰霊法要といえばだれにでも理解してもらえるし、また何時の日にか私もこれら諸霊をお慰め申しあげる事の出来る修行の足りた僧侶になりたいとの願望を、慰霊という言葉の中に含めて、その名称を用いさせていただいているのです。

沖縄での慰霊法要

こうした意味から私どもにとって慰霊法要はひとつには英霊悔過《けか》、大東亜戦争悔過の行《ぎょう》であるという意味を持つものなのです。たしかに慰霊法要について最初のうちは、せめて慰霊くらいは、そして御回向《ごえこう》をさせていただかねば申し訳ない、そんな気持から始めたのでありましたが、年々法要の旅を重ねていくうちに、私自身の気持の中に英霊などに対する悔過（過《あやま》ちを懺悔《さんげ》すること、申し訳なさをお詫びする）、この悔過についての詳細は改めて、詳述いたしますが、この慰霊悔過をはじめて今日にいたりますまでの十余年、その思いはますます強まる一方です。

ですから、まず戦争犠牲の諸霊の前に至心に過ちを懺悔して、「どうか日本の国を、私どもの子供や孫や曾孫《ひまご》を末ながくお導き下さい。そして日本の国が世界の調和の向上に役立つ国であり得ますようにお守り下さい」とのおねがいに心をこめて恭敬《くぎょう》の限りをつくす、これが私どもの慰霊法要に対する大切な意味であります。

また、私どもは大体七月から八月にかけて（そうでない時もございますが）この慰霊悔過法要の旅に上らせていただくべく心がけています。それは七、八月がお盆の月であるからです。

我が肩に乗りて帰らんともがらよ
父母《ちちはは》まつ国は盂蘭盆の月
妻まつ国は盂蘭盆の月
子らまつ国は盂蘭盆の月
兄弟姉妹《はらから》待つ国は盂蘭盆の月

どうかお盆の国、日本へ、そして故郷へ、私どもといっしょに肩に乗ってお帰り下さい。私達の掌のぬくもりのなかにどうかごいっしょにお帰りになって下さい。こうした魂のお出迎えに上らせていただく魂乞《たまご》いの気持が含まれていることも私どもの法要のまた大切な一つの意味であります。

昭和五十九年二月、私どもは久しぶりに沖縄へ慰霊法要に上りました。まず鹿児島の知《ち》覧《らん》で陸軍航空隊の諸霊に対し法要をつとめてから、船で鹿児島新港を立って、東シナ海方面で亡くなられた方々の海上法要をしながら沖縄へ向いました。

九州から沖縄、沖縄から台湾、台湾からフィリピン、それは日本軍南方輸送の大動脈といわれた所です。鹿児島〜沖縄間海域に於ても、日本軍は戦艦大和をはじめ大型の軍艦だけでも約三十隻、米軍は三十六隻、小型艦艇や輸送船等はあわせて数十万トンが沈没、その他撃墜された飛行機等、今なお全容不明で、当然海底に沈む船中や機中にはご遺骨累々たる有様です。

ニッパチと言われている二月と八月の東シナ海はきわめて波荒く厳しい時季です。そんな中で船酔いしながらも一昼夜、四度の海上法要を勤めさせていただいて後、夕暮れの沖縄は那覇《なは》港へ上陸致しました。この沖縄は島全体が正にこれ青山《せいざん》（お墓）であります。昭和二十年三月二十六日、米軍が慶良間《けらま》列島に上陸、そして四月一日、早くも本島に上陸を開始、その兵力は約四十五万人、それに対して日本軍は海陸合わせて七万六千人、その他男女中学生を含む沖縄県民二万五千人が義勇隊として動員されていました。とにかくこの狭い沖縄における戦いは激烈きわまるもので、短期間に二十万人にのぼる犠牲者が出ています。

摩文仁《まぶに》の平和祈念公園内にある平和祈念資料によると、沖縄戦戦没者数のうち沖縄県民が一二二、二二八人（その中で一般住民戦闘協力者九四、〇〇〇人、沖縄出身の軍人軍属二八、二二八人）、本土出身日本兵六五、九〇八人、そして米軍人一二、五二〇人、となっています。

私どもがこの慰霊法要に行っている間じゅう、遺骨が発見されたとの記事が毎日のように琉球新報や沖縄タイムス紙上に報道されていました。

「糸満《いとまん》市山形の塔の裏手の壕から、仰向けに横たわる完全なご遺骨三柱が発見された」「去る大戦で父母、祖父母、兄弟姉妹をなくした県遺族連合会青壮年部は二十三日から二十六日までの間に中・南部一帯の遺骨収集で、完全な一体を含めて三十八柱を収骨した」「戦争当時七十四歳で亡くなった祖母のお骨が掘り出されてくるのをていねいに拾いながら、『これから立派に供養します』と、三十九年の疎遠をわびて合掌され、そのご遺骨を持ち帰られた」など、沖縄滞在中、ご遺骨収集ならびにご遺骨発見に関する記事の出ていない日はありませんでした。繰り返しますが、沖縄本島は全島これ青山なのです。そして沖縄県民はことごとくご遺族であるというのが私の実感でありました。

沖縄に着いた翌二十七日、私ども一行はまず、日米両軍の主力攻防戦の火蓋が切られた嘉数《かかず》の岡（宜野湾《ぎのわん》市）から法要を始めました。そして、ひめゆりの塔の舞台として知られている南風原《はえばる》陸軍病院（南風原町喜屋武）、その病院から傷病兵の移されてきた糸数壕《いとかずごう》（玉城村糸数）あるいは悲風の丘など……とにかく激戦の各地、四ツ辻はこれ死の十字路でありました。精錬果敢なる日本軍隊も、ひとたび敗残兵となれば、それこそ烏合《うごう》の衆と化し、哀れ無残にも餓鬼道、地獄へと堕ちていく。沖縄の場合、軍人だけではなく一般非戦闘員が数多く亡くなっておられるだけに、私ども一行の悲しみさらにいや増すこととしきりでありました。

わが国には鎌倉時代、文永十一年（西紀一二七四年）、そして七年後の弘安四年（一二八一年）の二度にわたり、中国の元の大軍（蒙古軍）が攻め寄せてきた文永・弘安の役（元《げん》寇《こう》）というたいへんな国難に見舞われています。元《げん》の皇帝フビライ（ジンギスカンの孫）は日本に入貢《にゅうこう》を求めましたが、北条時宗を執権とする鎌倉幕府がこれを拒否したがために、それを怒って大船団をくんで、攻めてきたのでした。

文永十一年、元軍が壱岐《いき》、対馬《つしま》を侵し、九州博多に迫ったけれども、突如吹きおこった大風によって元の艦船二百余が沈没して大敗を喫したのでありました。然しそれからまた七年の後に弘安四年、再度元の大軍が襲来してきました。ところがこの時再び大風がおこり、元の船は大半が沈没してしまったのです。この大風が世に言う神風で、西国将兵の奮戦もありましたが、二度にわたる神風によって日本は国難を免れることができたのでした。

とはいえ、壱岐、対馬の住民は元の軍兵から大変な辛酸をなめさせられています。対馬は山がきり立った所でまだ元の軍隊から住民達の逃げかくれする場所もあったのですが、壱岐は平坦な島で農作物、海産物などいわゆる自給自足のできる平和な、おだやかな島なのです。それだけに逃げかくれする場所が全くなく、人はもちろんのこと牛に至るまで、元軍の為に全滅を喫したのでありました。こうした悲劇があってあの元寇のときには日本の本土が守られたのでした。昭和の大東亜戦争においては沖縄が正にそれであったのです。

私どもはそんな沖縄に対する認識を持ってはいるつもりでいます。しかし、それを自分ではどんなに深く持っているつもりであったとしても、現地へ来て、現地で、そして現地の人達に接すれば接するほど、足りていると思っていることが、どれほど底の浅いものでしかなかったかを、いやというほど痛感します。私自身沖縄への慰霊法要は三度目であるのですが、今回またしてもその感を深くして、以前にも増していろんな面で辛い思いをしなければなりませんでした。

沖縄は島全体が青山《せいざん》

女子師範と県立第一高女の乙女達の悲劇の場、ひめゆりの塔へお参りした時のこと、ここは戦跡の中でも最も有名な場所なので、内地から訪れた人の殆どがお参りする所です。しかしその人達の姿を見れば、とてもお参りするなどといえたものではなく、残念ながら私はそこで一人として合掌する人の姿に接することができなかったのです。それどころか、片手をポケットにつっこんで、くわえたばこで、「何だい。これがひめゆりの塔か」といった調子でしかありませんでした。

そのひめゆりの塔から百メートル程はなれたところにあるのが昭和高女の乙女達の悲劇

の場所に立つ梯悟《でいご》の碑です。そこには

ゆさぶりて碑をゆさぶりて思いきりきけどもきけぬ声をききたし

一人きて抱きしめてみぬ我が友の名の刻まれしぬれしいしぶみ

と刻まれた歌碑が、あたかも御霊を呼ぶが如く建てられていました。

さらに、そこからまた少し離れた所には、ずいせんの塔があります。首里高女の乙女達がやはり激烈なる最期を遂げた場所であるのです。そこには次のような歌碑が建っていました。

この道もこの岩肌も乙女らが弾にたたかれ踏み惑いしところ

涙流すことなしによむことの出来ぬ歌です。この他に県立第二高女の悲劇の場所には、白梅の塔があります。私どもはそうしたけなげな乙女達の最期の場においても法要をさせていただいたことは当然でありますが、有名なひめゆりの塔の他、お参りに訪れる人は全くといってない有様です。訪れる人はあっても、合掌もせず、ポケットに手をつっこんで、くわえたばこでと、これは見物です。お参りではありません。これでは困ります。まるで行きずりでしかありません。何度も申しますが、沖縄は島全体が青山《せいざん》（お墓）です。内地から訪れる人はもっと真面目な気持で、数珠《じゅず》とお線香を携えて詣でるという気持をお持ちになっていただきたいとねがいます。くわえたばこで激戦地跡を訪れるなど言語道断です。

情けない限りです。

慰霊法要でどこにお参りにあがってもそうなのですが、私どもお同行の方々は、朝早く法要に出かけ、夜は暗くなってから帰ってくるのが常であります。この時の沖縄でもそうであったのですが、戦跡の現場へ案内して下さるバスの運転手さん、ガイドさん、その中のだれ一人それについていやな顔をしたり不足を言われる人はありませんでした。むしろ狭い道をいとうことなく法要の際の道具を運んだり、祭壇をつくるお手伝いを快くして下さいました。

そして一日の法要を終えて別れる時には、「今日もていねいに法要をしていただいて有難うございました」と涙ぐんでお礼を言って下さる方もいらっしゃいました。これは首里城跡での法要の折、現地の高校生が二人、頭をたれて合掌して通りすぎたという話からもわかるように沖縄県民にはすべて、ご遺族としての気持が心にしみこんでいるのです。当時六十万県民の四人にお一人があの戦争でおなくなりになっている。とにかく県民全体がご遺族です。

その時のバスガイドさんの一人、又吉妙子さんから次のようなお礼状をいただきました。

「今も内地から来られる方々をご案内していますが、あの時、法要にこられて百六十名に近い方々が沖縄にしては寒い日であったのに、大地にひれ伏して、涙を流してあんなに熱心に遺霊法要をしていただいたのは私にとって初めての経験でした。その時の皆さん方のお姿を、あの時は風邪をひかれないかなと、お年寄も多いし案じる気持もございましたけれども、今にしてあの時のお姿を思い出しながら、内地からの方々を涙ぐむ思いでご案内を申し上げております。有難うございました」と。この又吉さんから、沖縄の人情のあたたかさは、昔からのご先祖をこよなく大切にされる先祖崇拝から養われたものであるとのお話を聞かせてもらいました。とてもよいお話でした。

バスといえば法要に出向くバスの中で、沖縄へ来てから再三ご遺骨が掘り出されたとの報道に接することもあって、そうした事にも費用がかかるだろうとの思いから、私ども一行たとえ千円ずつでも出し合って遺骨収集のお手伝いをさせてもらおうではないかと箱をおまわししましたところ、六十万円のお金が集まったのです。それをしかるべき機関へ届けていただけないだろうかと、折角来県した機会だからと全ての法要が済んだのちに講演の依頼を受けて訪れた琉球新報社へおねがいをいたしました。それなら知事に直接お渡ししてもらいたいとの返事。知事さんにお渡しする程の額ではないからと固辞をしたのですが、内地のお方《かた》がこうした気持を持って下さっているということを県民に啓蒙する意味からもぜひ直接知事さんに会って手渡してほしいと言われ、仕方なく知事のところへお届けに上がりました。

西銘《にしめ》知事さんは喜んで迎えて下さり、お受け取り下さいました。そのとき知事さんが「家内がお写経をした般若心経を私はいつもこうして背広の内ポケットに入れて持たさせてもらっているんです」とそのお写経を取り出して見せられました。私は「沖縄はそれこそ全島がお墓であり、県民すべてがご遺族である、そういう所で県政をあずかっている知事さんが般若心経のお写経をつねに胸にお持ちになっていることは大変有難いことだ」とお話ししました。

沖縄慰霊法要

沖縄は全島が青山である。沖縄へ行かれる時にはどうかそういうことを十分に自覚して、数珠とお線香を、そして胸にはやはり般若心経なりと、経本の一冊はお持ちになって行っていただきたい。そしてご遺族の気持になって真面目な合掌をしていただきたい。掌を合わす姿を失い、過去からのおかげを忘れた時、我々はどんな状態に陥溺《かんでき》してゆくものなのか、次のインドネシアでの話をおよみになって下さることをおねがいします。

その後あらためて、私どもはもう一度六月二十三日の沖縄慰霊の日に合せて、お同行《どうぎょう》を組んで沖縄へ慰霊悔過《いれいけか》の法要にあがりました。この六月二十三日という日は、沖縄にとってはあたかも八月十五日の終戦の日にあたります。正午には県民が一斉に黙祷を捧げられる日です。どうか日本の各地から、このとき沖縄に向って瞑目、黙祷の真心を捧げていただきたいものと、改めて思いました。

インドネシアにて

沖縄、東シナ海方面での慰霊法要についで、西イリアン地方（西部ニューギニア・ビアク島）での大東亜戦争悔過法要について書かせていただきます。どうかご熟読あらんことをねがいます。

日に日をついで法要の旅を続け、いよいよ最後に結びの法要、これを結願《けちがん》法要と申しますが、おつとめをいたします。この時に、この法要の旅の全体を纏めてそれを神仏、万霊の御前《みまえ》にささげる表白《ひょうびゃく》の文を練ります。ですから慰霊法要の場合は時間の都合で表白文の作成が見切り発車のようなことになりかねませんので、尻切れとんぼになることがしばしばです。この時も、西イリアンからバリ島に帰って翌朝にこの結願法要をしたのですが、それに間に合わせるのに必死でした。結局三十分ほど法要をはじめる時間をおくらせてもらって、漸《ようや》くのこと間に合うという有様でした。この本の終りにこの法要の旅への思いが凝結する表白を掲載いたしました。堅い文体・表現で恐縮ですが、およみになって下さいますれば幸甚です。この表白を、導師をつとめるものが「それつらつらおもんみれば」と、弁慶の勧進帳ではないですが、あのような感じで節《ふし》をつけてよみあげるのです。

西イリアン地区は西部ニューギニアのことです。現在、インドネシア領です。同じニューギニアでも、東部はパプアニューギニアといって独立国であります。西イリアンへ入るには一部に不穏な動きがあるとかで、一旦インドネシアへ着いて、改めて入島手続きをせねばならぬという複雑な事情があるようです。

私ども同行《どうぎょう》三十四名は昭和五十八年七月二十三日早朝、成田空港に団を結んで出発いたしました。まず着いた所が観光地として有名なバリ島のデンパサールでありました。私ども一行はそこからビアク島に向かったのですが、途中飛行機は五千五百柱が鎮み給うセレベス島のウジュンパンダンに寄港、出発迄の約一時間、空港で許可を得て読経を捧げました。そして一路発してビアク島へ。旅嚢《りょのう》を解くいとまも惜しく、早速、島の南ボスネックの海岸に法筵《ほうえん》を敷き、一万二千柱の英霊に対し悔過法要をさせていただきました。霊暉《れいき》震騒《しんそう》、亡くなられた御霊が、ふるえさわぎつつ私どもを迎えて下さっているかの思いにかられて、まだ明るいうちに始めた法要でありましたが、終った時は、すでに十五夜の満月が海面を銀波に染めて、私どもの拝んでいた島の中央草深い戦跡の方向を恍然と照らし出していました。

　このビアク島では、福井県敦賀からお同行された松永きわ子さんのご主人が亡くなっておられます。ご主人との結婚生活四年間、しかし実質は一年半であったとの事。ご主人の戦死後は保育所の保母をつとめて子供さんをお育てになり、戦死された最初の頃は毎晩のようにご主人が夢に出てこられたので、それが楽しみで床につかれたそうでした。その後戦死公報が入り、お葬式を済まされた後はぷっつりと夢に出てこられなくなったと。「それでも今日帰ってくるだろうか、明日帰ってきてくれるだろうかと思い続けて、気がつくと四十年経っていました。今日こうして主人の亡くなった戦地で法要をしていただき、四十年間の胸のつかえがとれました」と、しみじみ話して下さいました。

　また、静岡県浜松から参加された大石厚子さんは、お母さんの胎内にいる間にお父さんが出征され、この島で戦死されたのでした。大石さんは「父は写真の中だけの人で実際にはいないものと思っていました。けれども父が戦死した現地で、皆さん方の真心のこもった法要をしていただき、こらえきれずに溢れる涙の底から、今までは遠い存在であった父を、自分の胸の中でなまに感じることが出来ました。これからは今迄よりも、もっともっと大切に親しみをこめておまつりができます」とおっしゃって下さいました。

翌朝、起伏の激しいビアク島を南から北に縦断してコリムの湾で午前中の法要を営みましたが、その時、その地区の警察署で一行全員が椰子《やし》の供養《くよう》をうけ、その果汁の生々しい新鮮さに甘露を覚えたのですが、それは赤道直下に近い島の太陽が真上に照りつける昼の時間でした。そのあと、島の中央部山岳地帯にある東西二つの洞窟の一つ、西洞窟へ入りました。石段をおりてくらやみの洞穴に向っておりてゆきました。ここは米軍が一日に八百トンもの爆弾をぶちこんだ所です。その為に洞窟の一番奥の天岩は陥没して穴があいているのですが、その穴から、さらにガソリンをつめこんだドラム缶に火をつけて放り込まれたのでありました。その為にその洞窟内で殆んどの日本兵が焼け死んでしまわれたのです。今も岩の天井はすすけ、空っぽのドラム缶に地下水がポトリポトリと落ちてあたるその音が、ポン、ピシャンと洞窟の内部に反響し、こだまして、恰《あたか》も亡くなられた方々の呻きのように胸に迫ってくるのでした。火に攻められて洞窟の穴から出ようとされた兵隊さん達には今度は火炎放射機が打ちこまれる。まるで地獄絵に出てくる熱炎嘴鳥《ねつえんしちょう》（くちばしから熱い炎を出して地獄の罪人を焼き殺す鳥）さながらであります。

そして翌二十七日に法要した洞窟では、お同行《どうぎょう》の一人が電灯を照らされた瞬間、その光の中にパーッとご遺骨が浮かびあがりました。度肝をぬかれずにはいられませんでした。そうなるともうお経もお経にならず、「『修羅傲慢闘争《しゅらごうまんとうじょう》も畜生愚痴《ぐち》の残害も、飢《うえ》にのぞみて子を喰《くら》う餓鬼の思いぞ哀れなる。苦患《くげん》の程は如何ばかり、心も言葉も及ばれぬ地獄、焦熱《しょうねつ》、阿鼻叫喚《あびきょうかん》』地蔵和讃の節々句々に悲憤《ひふん》、胸気《きょうき》を慷衝《こうしょう》して止《や》まず、爆《ばく》して洞窟の天岩を摧《さい》陥《かん》して窟内《くつない》は熱炎《えんねつ》嘴鳥《しちょう》の業火《ごうか》燃ゆ、佳兵《かへい》は不祥の器《き》なり、争いは逆徳の最たり、これ誰《た》が業縄《ごうじょう》の縛《ばく》する所ぞ」（巻末「表白文」を御参照下さい）……全くこの通りの気持で、それこそ必死でみんなが和讃を絶唱せずにはいられませんでした。そしてそれが、ついには号《ごう》哭《こく》に化したのでありました。

戦時中、お国の為には命も鳥の羽根よりも軽く、身を鴻毛《こうもう》の軽きにして多くの兵隊さん達が命を捧げられた事は確かでありました。私自身がやはりそんな気持で軍隊に入りました。

けれどもそれを扱ってくれる指導者は、国民一人一人の命を泰山のさらにそれにも増して重きにおいて受けとめてくれなければならなかったのです。それをまるで、虫けら同然の扱い方、たとえそうでなかったとしても、結果的にそう思わざるを得ないような兵員配置、運送計画、それも武器弾薬どころか、食糧も送る事の出来ないような所へ軍隊を送り出す、しかも千人送り出せば三百人は着く、あとの七百人は海の藻屑《もくず》と化して、といった計算の上で事が運ばれていたとは、今になってそれがたまらなく口惜しく思われてならないのです。

余りにも人の命の扱い方に弁《わきま》えがなさすぎた。まさに「軍に輜重《しちょう》なければ則ち亡び糧食なければ必ず敗る」であります。武器、弾薬などを持たすに戦して勝てる見込みはなく、昔から腹が減って戦《いくさ》は出来ぬと言われている通り、食糧の準備なくしては戦いに敗れること必定、まして兵隊を消耗品扱いにして戦争に勝つことなきは当然であります。

親切だった兵隊さん

西イリアン最東、パプアニューギニアとの国境の都市、ホーランディアでは、田上《たのうえ》八郎という師団長であったお方が、昭和二十三年、故なき罪状の裁きにより処刑されておられます。大東亜戦争によってアジアの国々がそれぞれ独立した結果、その国々をアジアの植民地として思うがままにしていたヨーロッパの国々の経済的基盤が衰えてしまいました。それが理由でヨーロッパ各国は日本を恨む。西イリアンはオランダの植民地でありました。現地の人達から慈父のように慕われていた田上中将は、オランダの軍事裁判によって死刑の宣告を受け銃殺されました。「古《いにし》えを去ること日已《すで》に遠しと雖も、故《ゆえ》なき罪状の裁《さば》きに刑せらるる父を思えば百偽《ぎ》ありて一真《しん》なきに、哭《こく》する遺児は既に還暦の人なり」（巻末「表白文」を御参照下さい）とは田上中将の遺児、お同行の一人、田上隆氏で、氏が還暦の年でありました。

同じホーランディア地区のセンタニ湖畔では中沢政子さんがこの地で亡くなられたご主人を偲んで慟泣されました。このお方は三日間の結婚生活に生涯を捧げられておられる健《けな》気《げ》なお方です。お経を読誦《どくじゅ》している間、ご主人との思い出にまつわる「ボレロ」の曲を、録音してこられたテープでしずかに流しておられました。菱沼秀子さんのご主人はニューギニアからはるか離島、モロタイ島で戦死されています。中沢さん、菱沼さんお二人とも自分の主人の亡くなった戦地の法要に参加するだけでは申し訳がないと、他の遺族の方々が行かれる戦跡での法要にも参加して下さる、私どもにとって大切なお同行であります。

長男と次男をお連れになって参加された荒木外喜子さんのご主人は東部ニューギニアのセピック州で戦死されています。最国境のこのホーランディアから東部ニューギニアのその方向にむかっても法要させていただきましたが、立派な社会人になっている息子さんを亡きご主人の墓島というべき場所にお連れになったのです。また福岡から参加の冬至《とうじ》洋一君も、やはりこのニューギニアでお父さまを亡くされているのですが、法要を度重ねていくうちにホーランディアで法要をした時に「私の父はここで亡くなったのではないかと、そんな気がします」とお父さまの面影をつよく胸に感じてくれたようでした。そうした遺族へのお手伝いが、私どもがさせていただけるせめてもの御英霊たちへのおつとめであります。

ホーランディアにおける行をすませてマノクワリへ向かったその途中には四万人の方が亡くなっておられる激戦地サルミ、そしてゲニムがあるのですが、今回は交通事情等の関係でその現地へ行っての法要はできませんでした。でもマノクワリへ向かう私ども一行の乗った飛行機がサルミ上空へくると人影の見える所まで高度を下げてくれました。おかげでサルミ・ゲニム方面でおかくれになった御霊に対し、機中から般若心経を唱えさせていただけました。その低空飛行は私どもが頼んだからなのではなく、操縦士の方が慰霊法要に来た私ども日本人が乗っている事を知って、自発的に高度を下げて下さったのでした。

このように現地の人達は親切に進んで私たちの気持に協力して下さいます。これはやはり日本の兵隊さん達が現地の人達に親切にしておられたからであるのです。「戦時中、日本人に親切にしてもらったことを親から聞いている」と現地の人達から度々聞かされます。勿論、戦争中ですから異常心理にかられた行為もなかったとは言えますまいが、日本の新聞はどうも日本兵の各戦地での現住民に対する残虐な面ばかりをあばきたててよしとする傾向がありすぎます。

悪い事のみを針小棒大に扱われては、実際に辛苦悲惨の境をさ迷って果ててゆかれた諸霊は浮かばれますまい。もしそのようなことばかりであったとすれば、慰霊法要に行っても、このように協力していただける筈はありません。このニューギニアでも、その他ビルマ（ミャンマー）や、フィリピンでも、それこそ奥の奥地まで法要にまいりましたが、いつどこへ出かけても現地の人達の好意と協力をいただいて法要をさせていただけます。この点について、あまりに偏った新聞記事などに惑わされないようにとの思いがしきりです。

我が肩に乗りて帰らん

サルミを経てマノクワリ――ここは私どもの薬師寺執事長（当時）・安田暎胤《えいいん》のお父さんが亡くなられた地でもあるのです。執事長はかなり以前からマノクワリへとの気持を抱き続けていました。遺児の気持としては当然なことです。手続き上の事情があったりなどして、ニューギニアへは四度にわたって参じているのですが、西イリアン地区へはこのときが初めてでありました。とにかくニューギニアの地なればとの彼の希望もあって昭和五十二年、パプアニューギニアへ法要に上がりました。その時は鹿児島からニューギニア航空で首都ポートモレスビーに着くや否や、エラビーチの海岸でニューギニア全土に向かって祭壇をしつらえ法筵《ほうえん》を敷きました。その時、遠く離れた西イリアン地区マノクワリに向かい、亡き父を偲んで「お父さーん」と絶叫した、その彼の声が今もはっきりと私の耳に焼きついています。

あれから六年、今回ようやっとお父さんの亡くなられた現地へ来ることが出来ました。お父さんの埋葬されたというアンダイ河畔の小高い丘の上に祭壇をしつらえて、法筵を敷いて法要を始めました。この法要では、私の緋紋白《ひもんじろ》の袈裟《けさ》、紫の衣を彼に着てもらって導師をつとめてもらいました。彼が立派な僧侶になっている姿を父君に見てもらいたいとのねがいからであったのです。彼は「まことに私事ではありますが」と、お同行の方々の同意を得て、母堂からあずかってきたお父さまへのお手紙を涙ながらによみ続けました。よみ終えて、「父の名を呼ばせていただきます」と改めて「お父さーん」と呼びかけたのですが、念願の父戦死の現場だったせいであったからでしょうか、六年前のエラビーチにおける絶叫に比して、声が声にならぬ泣き声でしかありませんでした。さすが大の男の彼も父の死の現場では声が涙にとられてしまったのでした。

京都から参加された大沼良雄氏のお父さまが昭和二十年四月十二日、やはりこのマノクワリで戦没しておられました。予科練兵であった良雄氏は「お父さんの遺言をまもって今日まで生きてきました。お父さん今日はゆっくりとお酒を呑みましょう」と五十半ばに達した大人の顔に紅顔の面影を浮かべて亡父に語りかける姿は可憐そのものでさえありました。大沼さんが空の暗闇にむかって「お父さーん」と声をふりしぼられた時、「よしおー」と思わずも私は声を出しました。「父に別れて以来、良雄と名を呼ばれるのは初めてです。管長さん有難うございました。これからも良雄と呼んで可愛がって下さい」と、抱きつかんばかりにお礼を言われました。私は彼を抱きしめました。ぬくもる胸の思いがかよいあった感動をおぼえました。この大沼氏は京都の天龍寺に飛雲観音を発願《ほつがん》して、国籍をこえて空に散華した万霊回向《ばんれいえこう》を続けているお人であります。

英霊悔過結願表白の「喪なくも慼《いた》めば憂い必ず儲《あた》る」――私はこの言葉が好きです。私は遺族でないけれども遺族の方々と行動を共に読経の旅をしていますと、遺族の方々のお気持が私ども遺族でない者の胸中にも染みてくるのです。お同行の人みんながそうなるのです。これが「喪なくも慼めば憂い必ず儲る」で、表白には「同行者《どうぎょうしゃ》一として涕泣《ていきゅう》せざる人無し」とこれを受けています。

このマノクワリの海辺で私達は夜の法要をつとめたく思ったのでしたが、そこに日本政府の建てた碑があるということをお同行の柴田憲助氏が資料にもとづいて調べておいて下さいましたので、その場所をとっぷりと日が暮れて暗がりのなかをたずねて歩きました。

そこにはたしかに碑はありました。けれども「戦没日本人之碑」という七文字だけの味も素気もない、まるで「交通事故多発之地」の如き、きわめて事務的そのものの碑の文字であります。その上その場所はといえば、陸揚げした魚を町の人達がやってきてセリ市にかけている魚市場のうすぎたない裏庭になっていました。ここでは法筵《ほうえん》を敷くこともならず、海の見える小高い丘の中程に建つホテルの前庭で電灯を消してもらって、香を焚き蝋燭をともして夜の法要をつとめさせていただいたのです。碑を建てることは易いです。しかしこれをお守りすることは安易ではありません。やはりお参りに来てくれる人があって、これが守られるのです。

するとまだ翌朝あけやらぬ頃でした、「日本人のお骨が出ている」と現地の人が通報しにきて下さった。私どもが涙を流して夜中まで法要をしている様子を現地の人が見て、日本兵のお骨があるとその発見を伝えて下さったのです。幸いお同行の中に現地の言葉がおわかりになる柴田憲助氏が居られてその場所へ急行して下さいました。現場を確認の上、私どももその場所へ急いだのでした。そこにはまるで椰子の実がふせっているように見えた、それが実は頭蓋骨であって、そのお骨に顔を寄せての必死な心経の読誦が続きました。途中までしか掘り出せなかったのでありますが、その穴から大腿骨十四本が日本人の生活品ともども掘り出され、結局十六体のご遺骨までが確認できたのでした。周囲を掘りおこせばもっとあるだろうということでありました。

何としてもこの十六体はお連れして帰りたくねがいました。けれどもやはり国と国との筋道にのせてお迎えに行かなければ持ち帰ることはできぬ、それ迄はきちんとお守りをしていてあげるからとの現地警察の好意を頼りに立ち去り難き思いを残して次の地点へ行動しなければならなかったのです。私どもは決して遺骨収集を目的にした旅をしているのではないのですが、しかしこのときもビアクの洞窟内とマノクワリと、二度もご遺骨とお出合いをいたしました。こういうことがあればいよいよ心は残り、立ち去り難い思いにかられます。しかし、行動には予定があり、後髪ひかれる思いでマノクワリからソロンに向かって飛び立ったのであります。そして、その地では海が眺望できるソロンの丘で北西に向ってモロタイ、ガム、ワイゲオ、ハルマヘラ諸島一万七千の御霊に恭拝を傾けたのでありました。

先述の菱沼さんのご主人が亡くなられたモロタイ島はこのソロンから四百キロの所の島です。「もうここまで来させてもらったら十分です」とソロンの丘からモロタイ島に向かって、かつては人の前では涙を見せることなく気丈に堪えてこられた菱沼さんではありましたが、ついに泣き崩れてしまわれました。また、ワイゲオ島はお同行の塚本江美子さんの弟さんが亡くなられた島であります。妻《めと》を娶ることもなく子供を残すこともないままに若い命を散らしていった弟さんです。塚本さんが「人の前ではものひとつ言えないような、おとなしくって優しかった」とおっしゃる弟さんへの、お姉さまの強いいとおしみからでありましょう。「我が肩に乗りて帰らんともがらよ　父母まつ国は盂蘭盆《うらぼん》の月　妻まつ国は盂蘭盆の月　子らまつ国は盂蘭盆の月……この歌には母もあり妻もあり子もある、しかし、私のように弟を思って待っている姉もいるのですが、そこがこの歌にはございませんね」とおっしゃられました。

　その時この塚本さんの表情に、『万葉集』で親しまれている弟背《いろせ》である大津皇子の屍《しかばね》が葬《ほうむ》られた二上山《ふたかみやま》に「うつそみの　人なるわれや　明日よりは　二上山を　弟背《いろせ》とわが見む」とおよみになった姉君大来皇女《おおくのひめみこ》のお気持を偲ばされたのでありました。私はそれが気になりました。漸《ようや》くのこと、「我が肩に乗りて帰らんともがらよ　父母まつ国は盂蘭盆の月　妻まつ国は盂蘭盆の月　子らまつ国は盂蘭盆の月　そして兄弟《はらから》姉妹まつ国は盂蘭盆の月」と、この歌に一句をつけ加えることにいたしました。私にも六つ年上の姉がいるのですが、或は私が戦死をしていればこんな思いで、やはりお参りにきてくれたことであろうかな、など思いながらこの姉を旅の空にいとおしく思い出しました。

　かくして西イリアン地区の法要は終りました。再びバリ島に戻ってその翌朝、それは帰国する日であったのですが、午前中、ホテルの庭をかりて、結願《けちがん》法要の法筵を、真東の海にむかって敷いたのでありました。西イリアン地区ならびにインドネシア国全域約二十五万柱の英霊に対する結願法要でありました。その真東にひろがる小スンダ列島が飛石のように続く小スンダ海域青海碧空のほとりには、今日なお沈んだままの船と共に白骨累々山なす状態五万三千柱が鎮まりましているのです。一行三十四名、涙をふるっての礼《らい》拝《はい》恭《く》敬《ぎょう》を捧げての法要でありました。

その法要の最中、すぐそばを往き来する日本人のだれ一人として手を合わせて、或いは頭《こうべ》をたれて通り過ぎてくれた人がなかったことを、法要のあとご遺族から聞かされました。海浜にあるこの立派なホテルは、宿泊者のおそらく半分以上は日本人でした。しかしそれに反してホテルの従業員等、現地の人達二、三十人の人々が、法要をしている私どものうしろに立って、最後まで参列して下さっていたのです。初め法要が始まる前、私は単に現地の人が見物しているのだと思っていたのですが、二時間を優にこえる法要に終りまで参列して下さっていたのでした。

インドネシアの人達は今は殆んどがイスラム教徒でありますが、かつては仏教とヒンズー教の国でありました。だからジャワ島に偉大なボロブドールの宗教遺産が今も厳として存在して、それを物語っています。ところがバリ島は今もなお九割までがヒンズー教と一つにとけ合った仏教徒の島であると聞きました。

法要のあと、合掌して下さっていた現地の人達とお話をいたしました時、その人たちから、このホテルは戦後、日本の賠償金で建てられたものであり、自分たちはそのお金で建ったホテルの従業員であるから、その戦争で亡くなった人達の為の法要をしていると知ってそれでは私達もお参りをしなければと、この時間に手のあいている者がお参りをして下さっていたのでありました。お釈迦さまの「お蔭さま」のみ教えがこの人達の生活の中に心あたたかく息づいていることに感激いたしました。

それにひきかえて私ども日本人は、そのホテルの日本人宿泊者の大半が若い男女ではありましたが、誰一人項《うなじ》を垂れて通り過ぎるどころか、その風態たるや思わず目をおおいたくなる状態でありました。若い女達がホテルのロビーを素裸同然の姿で歩き回り、エレベーターに乗れば、その姿で一人乗っている。これではまるで自ら進んで挑発しているのも同然。〝浜までは海女も蓑《みの》きる時雨かな〟これが日本女性の身だしなみというものではないか。憤然たらざるを得ませんでした。ですからこのバリ島のデンパサールの空港にはそんな日本人を意識したとしか思えない「こういう姿で空港を歩かないで下さい」と記された絵入りの貼紙が何枚もしてありました。このように世界中の観光地で顰蹙《ひんしゅく》を買い、且つそれらの各地でいろんな事件が誘発されている原因がこのあたりにあるのだという実態を、目のあたりに見せつけられた気がしてならなかったのですが、嘆かわしいことであります。

それにしても夏休みであるからとて、こうして遠く赤道をこえてバリ島にまで海遊びに来ることができることなど、どれだけのお命のおかげをいただいてのことであるかをこの人々に少しでも考えてもみてほしいのです。お命の御遺産であることを知ってもらいたいのです。そしてそれが過去から受けているおかげ、また世間さまからのおかげ等を有難く感謝する気持の養いになってくれるならばとねがわずにはいられません。

こうして八月二日夜、デンパサールの空港から日本に向かったのでありましたが、機中では私どもなりにどうやらつとめを果させていただくことが出来た気持の軽さから、ほっと一息つく思いのあったことは確かでした。けれども伊丹《いたみ》の空港に降り立った時、国と国との了解がなければ不可能であったとはいえ、私どもだけが便利と贅沢と欲望の巷《ちまた》にのうのうと帰ってきながら、どうしてもお連れして帰れなかったあのご遺骨に対する申し訳なさ、やるせなさに思いがけずこみあげてくる涙をこらえることが出来ませんでした。税関に出てくる荷物をただぼーとかすむ思いで眺めておりました。切ないことであります。安らかに千鳥ヶ淵墓苑にお眠りねがえる日をと、その日をねがいながら交渉と努力を重ねています。

六　懺悔する心

知らないうちに人さまにおかけしている御迷惑

「悔過《けか》」について書きたいと思います。

悔過とは過《あやま》ちを懺悔《さんげ》する、という意味です。懺悔は一般にはザンゲとよまれているようですが、これは慣用音によるよみ方です。せんげ（呉音）または、さんげ（漢音）とよむのが本当は正しいよみ方です。お山参りの時に声をはりあげて「懺悔懺悔《さんげさんげ》　六根清浄《ろっこんしょうじょう》」と言うように仏教ではサンゲとよみます。しかし懺法《せんぽう》の時はせんとよんでいます。一般的な場合にはザンゲとよんでいただいてもよろしいでしょうが、仏教的に廻心《えしん》（お腹の底から心をめぐらす）しておわびするときにはサンゲとよんでいただかねばなりません。神社やお寺へお参りした時にご利益《りやく》をいただくと申します。ところが会社の決算の場合などには、利益《りえき》とよみます。このリエキには物質的な意味合いがあり、損得の世界になります。リヤクにはゴの字をつけてゴリヤクとなり宗教的なあたたかさがかもしだされてまいります。また同じ字でありましても業という字の場合でも産業、農業、工業、職業の場合はギョウとよむ、これはなりわいです。

それをあの人は業《ごう》が深い、あの人は口やかましいがわりと業は浅いという場合はゴウとよみます。身体でする行為、言葉で語る行為、心であれこれ思いめぐらす心の行為、こういったすべての行為をひっくるめて仏教では業《ごう》と申します。ゴウとよみますと、なんとなく業《ぎょう》とよむ場合とは違った宗教的な味わいが出てまいります。懺悔《さんげ》をざんげとよまずにさんげとよんでいただくこうしたよみ方のならわしを私どもは大切に致します。こむずかしいことを言うようですが、これは一つの字を音をかえてよむことによって、内容、意味合いをふくらませてきた日本文化の特徴であります。

仏教の場合は呉音《ごおん》でよむ場合が一般的なしきたりになっています。勿論漢音でよむ場合もあれば唐音でよむ時もあります。この懺悔をさんげとよむのは漢音よみです。漢音、呉音の他に唐音（宋音ともいう）があります。行という字の場合には親孝行《こうこう》は漢音よみです。修行《しゅぎょう》は呉音です。行燈《あんどん》とよむのは唐音よみです。京師《けいし》とよむときはこれは漢音でよんでいるのです。京都《きょうと》、東京《とうきょう》とよむのは呉音によるよみ方です。ところがこれを南京《なんきん》、北京《ぺきん》とよむのは唐音よみです。しつこくなりました。私の悪い癖です。これぐらいにしておきます。

ところで皆さん方が仏前でお経をおあげになる時、まず最初に「我《が》昔《しゃく》所《しょ》造《ぞう》諸《しょ》悪《あく》業《ごう》　皆《かい》由《ゆう》無《む》始《し》貪《とん》瞋《じん》痴《ち》　従《じゅう》身《しん》語《ご》意《い》之《し》所《しょ》生《しょう》　一切《いっさい》我《が》今《こん》皆《かい》懺《さん》悔《げ》」とお唱えになりますね。これを略懺悔と申しますが、我れ昔よりつくれる諸々の悪業、これは限りなく遠い過去からの無始以来の身（身体）と語《ことば》（言葉）と意《こころ》（心）より生じるところの貪《むさぼ》り、瞋恚《しんに》（怒りの心）、愚痴《ぐち》（疑い深い闇《くら》き心）よりなせる、それら罪報の一切を私は今ここに懺悔致しますという意味です。こうして過ちを懺悔してから仏さまの宝前に出てお経をあげさせていただくお許しをいただくのです。よく他人さまのお宅へお邪魔する時に「すみません」「ごめん下さい」と申します。勿論親しくなれば「こんにちは」で通ります。だまって入れば泥棒です。「すみません」「ごめん下さい」に仏前でまず唱える略懺悔の精神が日常生活のなかにあたたかく咀嚼《そしゃく》されて、仏教的に養われてきた心のぬくもりを感じさせていただくことができます。

しかし、我昔所造諸悪業　皆由無始貪瞋痴……と申しましてもなかなかお互いそれに気付く事ができていないのがつねなのです。私どもが知っている所で犯している罪よりも知らない所で犯している罪の方がはるかに多くかつ深くて恐ろしいのです。早い話が私達はお互い人に迷惑をかけずに生きているなどと言えるでしょうか。とんでもない、汽車に乗っても車に乗っても、その沿線に住む人々、あるいは行き交う人々などどこかで誰かに迷惑をかけています。迷惑をかけあうことなくしては生きてはゆけぬ私どもお互いです。それを自分は神や仏におわび（懺悔）しなければならぬような悪いことをしたことはない、そんな覚えはないとおっしゃるお方がおられます。それは覚えがないだけで事実がないのではありません。

私もよくお同行《どうぎょう》の御参加をいただいて慰霊法要やインドやガンダーラなど仏蹟巡拝の旅に上らせていただきますが、そんな時大体が相部屋です。ある旅行でのことでした。一行の中の若い元気な人が頬もこけて憔悴《しょうすい》しきってきました。理由をきくと、相部屋の人の鼾《いびき》が原因で殆ど一睡もできないとのこと。おまけにその人の場合、鼾のみならず寝言に続いてうなり声まで加わってくるという。明け方近く漸《ようや》くうとうとと眠りかけると、その人は熟睡していますから早く起き出して、昨日の後片づけと今日の準備を始められると申します。これでは眠れません。

その上困ったことに鼾をかいて眠っている本人は自分の鼾に全く気付いていないから、同じ部屋の人にどれだけ迷惑をかけているかお分りになりません。ですから自分の鼾と寝言とうなりが原因で憔悴しきっている相手に「お疲れのようですが、どうかなさいましたか」とお見舞いを言って下さる。えてしてそういう人がお昼は良いお人であるのです。お昼はね。それにしても知らぬが仏です。お見舞いを言われては「あんたの鼾が犯人です」とは言えず、却って「ご心配かけて相すみません」とお詫びを申し上げねば相成らぬ仕儀となる始末です。何にしてもご本人にしてみれば全然悪意があっての事ではないのですから、ご迷惑をおかけしている覚えなど一向におありになりません。このように迷惑をかけた覚えがないのと事実ないのとは大変な違いです。覚えがなくとも事実はある。私どもは自覚無自覚、意識無意識を問わず、却って知らず知らずのうちに他人さまにいっぱい迷惑をかけていることに気付かねばなりません。

とくに略懺悔文にあるように私達はすべて今生《こんじょう》のみならず、前生、前々生、それ以前の無始よりこのかたずうっと昔からの罪を今日に背負って生まれてきた、そして生きてきているのです。私どもがお互いに今「人」としてあり得させていただいているのですが、このあり得させていただいている過去にさかのぼって思う時、人間が人間であり得るために犯さなければならなかった根源的な罪垢《ざいく》の歴史の積み重ねの上に、今私どもの生活があり得ているのではないですか。身近に言えば医学の発達と申しましても、モルモットや犬のみならず、もっともっと他の生命を犠牲にしてこの恩恵に浴している私どもであります。さらには人体解剖から生体解剖の恐怖にも及びかねまじき状況下、お医者さんが功名心にかられての医術、医学の研究は断じて禁物にとおねがいします。また、食べ物にしても他の命をいただいて私の生命を養っていただいているのです。こうしたすべてを時間的なつながり、空間世界へのひろがりにおいてうけとめてその一切罪垢に目ざめてそれを神仏に懺悔することが出来るようになってこそ、宗教的人間、仏教的人間といえるのです。

薬師寺の花《はな》会《え》式《しき》

こうした懺悔を行法《ぎょうぼう》として実践するのが悔過行《けかぎょう》です。この悔過行が奈良仏教の寺々での行法の主流となっています。

「寺々にして大乗経典を転読《よ》まつるべし、悔過すること仏の説きたまう所の如くして、敬《いや》びて雨を祈《こ》わん」（『日本書紀』巻二十四・皇極元年《西紀六四二》、七月の条）転読をよむとよませていますがこれは現在も寺々で行われている転読法要《てんどくほうよう》の事です。薬師寺でも毎月八日に講堂で大般若経六百巻の転読法要が行われています。

さらに『日本書紀』に「勅《ちょく》して百官《つかさつかさ》の人等《ひとども》を川原寺に遣して燃燈《ねんとう》供養す。仍《すなわち》大きに斎《おがみ》して悔過す」（朱鳥元年六月）と見えますが、この『日本書紀』には多く悔過の記事が記載されています。ですから悔過行は日本の仏教の歴史と共にもう奈良時代以前からの長い伝統を受けついでいるのです。

私達が意識無意識、自覚無自覚の随《まにま》に犯し重ねている罪穢れを仏前に至心に懺悔することにより、それを通して国家の繁栄、国民の幸せ、世界の平和をおねがいする行法が悔過《けか》の行です。この悔過の行にはお水取りの愛称で親しまれている東大寺二月堂の修二会《しゅにえ》（昔は旧暦二月に修されたので修二会といいます。会は法会のことです）があります。これは二月堂の十一面観音をご本尊として行われるので正確には十一面観音悔過とよばれます。また法隆寺では毎年正月に吉祥天をご本尊として行われる吉祥悔過（修正会）をはじめ各種悔過の行法が修せられています。

私共の薬師寺でも毎年三月三十日から四月五日まで薬師悔過の行法が修められています。これが薬師寺の修二会で、やはりもともと旧暦二月の行法です。世紀一一〇七年（嘉承二年、平安時代）、堀河天皇は薬師如来に皇后のご病気平癒を祈願されました。霊験を得て平癒された皇后さまは翌年より毎年、宮中の女官達と造花をお作りになってお供えになりましたのが始まりで花会式《はなえしき》という名で人々に親しまれています。十種類の造花を十二瓶に飾って万堂を荘厳《しょうごん》（おごそかにおかざりをする）します。恐らく造花の歴史としていきて現在に受けつがれている最も古いものではないかと思います。この花会式の行法の中身は初夜《しょや》・半夜《はんや》の行《ぎょう》（午後七時より九時半前後まで、そして後夜《ごや》・晨朝《じんじょう》の行が　午前三時から夜明けまで、それに日中・日没が午後一時からというように一日を六時にわけてつとめます。六時の行が朝、昼、夜と三回にわけて薬師悔過の行法が営まれています。五体投地《ごたいとうち》（両膝、両肘、頭を地につけて礼拝する事）をしてあらん限りの声をふりしぼり、お薬師さまの前に身心の至誠を傾けて懺悔する激しく活力に満ち溢れた行法です。その時に唱和される声明《しょうみょう》は普通一般に人々が思っておられるお寺のお経とはおよそその風情《ふぜい》を異にしています。決して陰々滅々としたものではなく、むしろあっけらかんとして明るい限りで、かつてこの行に参籠された亀井勝一郎氏は青春の絶叫であると、感動の一文をのこしておられます。是非、一夜の御参籠あらんことを。

過ぎたるは及ばざるよりもなお悪し

ロシアの文豪トルストイに「懺悔」という作品があります。その中でトルストイは「我れわれが現在くらしているようなすべての物質があり余る境遇は人生を理解する力を我れわれから奪うものである」と書いています。この作品の内容は作者自身の宗教的回心(廻心)の告白です。ですから私はこの場合も、この作品はザンゲではなくサンゲとよんだほうがいいと思います。今日の私どもはトルストイが懺悔を書いた頃の彼自身の境遇以上に物質があり余り、文明という名のもとに便利と贅沢と欲望に満ち溢れた世の中に生きています。

何から何まですべてがあり余りすぎている今の世の中、それがかえって私達人間から苦しみに耐える力の養われを失わせています。現在は孔子さまが仰せられたお言葉ですが、「過ぎたるは及ばざるが如し」ではなく「過ぎたるは及ばざるよりもなお悪し」の時代です。おそらく孔子さまが今、生きておられて現在のこの様子をご覧になれば、こう仰せになったと思います。睡眠薬でも飲み過ぎれば永眠薬になりますからね。余程しっかりと自覚しなければ後生《ごしょう》おそろしいではなく、おぞましくさえある時代になってまいりました。

チュウチュウと嘆き悲しむ　声きけば　ネズミの地獄　ネコの極楽

他人の苦労の汗の上に胡座《あぐら》をかいて安楽をむさぼりふけっているのが現在の私どもです。そんな私どもにネズミの断末魔の苦しみが果してわかるでしょうか。私どもは文明という名のもとにいい気になって、もうこれ以上に極楽の猫に陥ってはなりません。「文明とは奢侈《しゃし》の追求であるから、文明のなかに滅亡の素因がある」とは、十四世紀のアラビアの歴史学者イブン・ハルドゥーンの言葉でありますが、必要な程度・身分を越えた贅沢に流れすぎている私どもの飽くなき奢侈の生活に歯止めをかけて、質実な分限者のあり方を怠ってはなりません。

薄田泣菫《すすきだきゅうきん》にこんな詩があります。

向う小山を猿がゆく、

さきのお猿が物知らず、
あとのお猿も物知らず、
なかのお猿が賢うて
山の畑に実を蒔いた
花が開いて、実が生《な》れば
二つの猿は帰り来て、
一つ残さず食べはして
種子《たね》をおろした伴《つれ》の名は、
忘れてついぞ思い出ぬ、

他人の苦労の上に胡座《あぐら》をかいて、そのいい結果だけを自分が奪いとってしまう、そして種をまいてそれを育《はぐく》んでくれた人の苦労を思い出そうとはしなかった、一人ひとりがそういう怠け者に陥ってしまうことによって世の中はそれだけ衰えてゆきます。悔過の今日的意義を思わずにいられないのです。

お釈迦さまのご在世の頃以来、布薩《ふさつ》（ウポーサタ）という行がありました。それは月に二度、十五日と三十日（満月と新月の日）に僧が集まって、釈尊を中心に、またそうでない時には長老比丘を上座にして自己の罪過を大衆の前に告白懺悔《こくはくさんげ》することにより、罪過の消滅を得る儀式です。僧が大衆の前に罪過を告白する時、小さな声では届きません。ですから、大きな声でそれを告白します。さらに告白すべきことに気づかずにいると他の人がそれを指摘してくれます。この他からの指摘を恨んではなりません。それは告げぐちではありません。気づかなかったことを気づかせて下さったからこそ、そのことを懺悔することができます。若し懺悔しなければならないことを知らなかったからとて懺悔を怠ると、来世に底知れない報いを受けねばなりません。大般涅槃経《だいはつねはんぎょう》に「若し罪を覆《おお》えば罪則ち増長す。発露懺悔《ほつろさんげ》すれば罪則ち消滅す」とあります。

ですから感謝合掌してこの指摘をいただかねばなりません。またそれを気づかせてあげる人も、悪意であってはなりません。慈悲の心でそれを知らせてあげるのでなければなりません。これで僧伽藍摩《サンギャラーマー》（和合衆）が保たれるのです。サンギャラーマーを音写した僧伽藍摩が略されて伽藍と言われ、また僧伽《さんぎゃ》と申します。一般にはお寺という意味に使われているようですが、金堂や講堂、塔、食堂《じきどう》、鐘楼、経蔵、それに僧坊など、僧侶の修行の場所を伽藍《がらん》と申します。「奈良七重七堂伽藍八重桜」の伽藍です。これは僧侶がひとつ心に融会《ゆうえ》して仏道修行に励む場所という事で和合衆と訳されます。ひとつ心にとけあえない集まりは烏合《うごう》の衆です。この大衆がともに自らの過《あやま》ちを懺悔する、声を限りに懺悔する、それが今日の悔過行に受けつがれているものですから、薬師寺の花会式の薬師悔過の場合でも、練行衆《れんぎょうしゅう》の僧侶は身を屈伸の限りをつくして、五体を投げつけんばかりに悔過の声明《しょうみょう》を声を極めて繰り返し続けます。これは悔過の行がこの布薩に淵源を発している行であるからだと思います。

だれも殺生と無縁ではない

仏教には戒律があります。僧がその戒律に背いた時は、告白懺悔しなければなりません。ですから、戒律は懺悔する精神が培われる基本になるものです。その戒律に具足戒《ぐそくかい》と申しまして比丘《びく》の二五〇戒、比丘尼《びくに》の三四八戒もの戒律がありますが、基本にあるのは五戒です。①不殺生戒《ふせっしょうかい》〈殺生をしてはいけない〉、②不偸盗戒《ふちゅうとうかい》〈人のものを盗んではいけない〉、③不邪婬戒《ふじゃいんかい》〈夫婦以外の男女の関係をもたない〉、比丘《びく》（僧）の場合は不婬戒です。④不《ふ》妄語戒《もうごかい》〈嘘いつわりを言ってはならない〉、⑤不飲酒戒《ふおんじゅかい》〈お酒を飲んではいけない〉です。

殺生というとだれもが私は殺生などしたことがないと、恰《あたか》もそれとは無縁であるかの如く思っています。けれども、「あの声でとかげくうかやほととぎす」です、人間すべて殺生しないで生きていくことは出来ません。肉・魚・鶏を食べない人はいないでしょう。自分が直接手を下して殺していないのだから殺生にはならぬなどと考えていたら大間違いです。みんなが食べるから殺す人が出てくる。何のことはない、みんなで殺す人を作っているのです。直接手にかけて屠殺《とさつ》する人よりも、むしろそれをさせている人のほうが罪が深いのです。お肉やお魚は一切いただきませんと言っても、野菜や果物だって命をもって生きています。樹木だって傷をつければ、傷口を涙で濡らします。樹液が傷口を覆って生命をまもるではありませんか。

このように食べ物一つをとっても私達人間は他の命を犠牲にすることなしには生きてゆけないのです。だからこそ昔の人は、無駄な殺生するが殺生、と少しでも殺生を少なくする生き方を私どもに教えて下さっています。のみならず不殺生にはまた不傷害の精神が説かれています。私どもは直接刃物をもって人を傷つけなくても、言葉でどれだけ人々を危《あや》め傷つけていることでしょうか。唯それに気づいていないのです。また気持の中で「あんな奴は早く死ねばよいのに」と思ったことのない人はないと思いますが、これは意業において不殺生戒を犯しているということです。殺人罪です。

私はとくにお喋りな者ですからそんなつもりで言ったことではないのですが人の気持を傷つけていることをあとで言われて気がついて謝ることがあります。また、言った言葉を聞くのではなく言わんとしたその気持を聞いて貰いたかったと思うこともあります。言わんとしている気持を聞き合ってこそ話し合いができます。言葉にひっかかっていたのでは話し合いにならないで、言い合いにしかなりません。言わんとする心を聞き合うことが大切です。それにしても言葉で人を傷つけていることはしばしばです。まだ後になってそれがわかって謝ることのできる時はいいのですが、そんなこと全然気がつかずにこの世が終わってしまうこともあります。するとこれを来世にまでもってゆかねばならぬことになります。ですから知っているところで犯している罪はまだよいのです。懺悔もできます。謝罪もできます。罪の許しを乞うこともできます。知っているところの罪よりも、知らないところで犯している罪が恐ろしいのです。この知らないところでの罪の恐ろしさに気づかせていただく心の養いとして戒律が定められ、布薩《ふさつ》が行われ、悔過《けか》（過ちを懺悔する）の法があるのです。

そして奈良の伝統的な寺々の悔過の法は個人のそれもありますが、国家と国民一人一人の行為を悔過するのです。その悔過を通して、万民豊楽《ばんみんぶらく》、天下安穏《てんげあんのん》、五穀成就、即ち人々の幸せを国家の繁栄を世界の平和を仏さまにおねがいをいたします。やはりおねがいをするには、先にきっちりとお詫びをしておかねばなりません。つまり有漏《うろ》（けがれ）の罪垢《ざいく》を浄めたうえでおねがいをするのです。その為に悔過が各々のお寺で行われてまいりました。そして現在になお行われています。

現在薬師寺では白鳳伽藍復興と玄奘三蔵院伽藍建立に打ち込んでいますが、この為に用いられる用材は樹齢千年二千年を超える檜《ひのき》が殆どです。いうなればそんな仏作仏行《ぶっさぶつぎょう》と思ってしていることがさえ、樹霊に対しての殺生の上に成立つものです。神や仏に懺悔しなければならないような罪や穢れは犯していないなどとうそぶける私達ではございません。

懺悔《さんげ》から新しい心の出発

私自身は毎朝、起きた時に六方礼拝《ろっぽうらいはい》をなしこの五戒を誓っています。誓ってはいるのですが、唯の一回も一戒をも守り得たことはございません。ですから朝に誓って夕には守りえざりし反省、懺悔を繰り返す日々の連続です。まことに申し訳なきことです。朝に誓って夕に懺悔懺悔、これが私の生活なのです。

このように私達人間は戒律を守ろうとすればする程、戒律を破ること（破戒行為）から逃れられません。しかし戒を破る、破戒することなしに生きていけない私どもであればこそ、またそこから懺悔が生まれ、救われ難きおのが身の上を反省することのできる心の養われをいただくのではないでしょうか。それが謙虚な生き方、慎しみ深い生活へのお導きにつながらせていただくのです。懺悔も反省もない人間生活がどんなに暗く恐ろしいものであるか、それはおぞましいことです。私は思います。たとえ破戒のための持戒でありましても、破戒は無戒にまさるといわれます。そこで皆さん、ひとつたとえ月に一日でも二日でもいいのですから、家族がともにご先祖さまの御命日或いは何か筋目をたてた日を設けていただいて、この日は贅沢をしないとか、お肉やお魚はさけるとか、なにか慎しみ深い一日を過ごさせていただく誓い合いの日を生活の中におもちになっていただく、これを斎日《さいにち》と申しますが如何《いかが》でしょうか。そこから家庭生活の浄らかな団欒（和合衆）が生まれてきてくれるはずです。

心地観経《しんちかんぎょう》の中に「懺悔能開菩提花（懺悔すればよく菩提の花開く）」という言葉があります。懺悔することによって心の中に仏心の花が咲いて下さるという事です。懺悔は人を生まれかわらせてくれます。そして人の心を正しい方向にめぐりかわらせて下さいます。

お釈迦さまのおられる頃のお話です。インドに仏教以外の宗教の道に励むアングリマーラという賢くて上品で心のやさしい青年がいました。余りによくできた好青年なので、師匠の留守の間にその奥さんが欲情をもってそそのかすという挑発行為をはたらかせて迫りきました。

しかし青年は丁重に退けます。それが為に奥さんの愛は憎しみからさらに恨みへと変っていきます。そして帰ってきた夫に逆に「アングリマーラが私を誘惑しにかかったけれども私は応じませんでした。あなたは彼を愛弟子として大変可愛がっていらっしゃいますが、あれはとんでもない食わせ者ですよ」などと讒陥《ざんかん》に及びました。すると夫である師匠は怒りを心頭に発するも大人気ないと冷静を装《よそお》って、その怒りを徐々に発する方法をとります。つまり、アングリマーラを呼んで「お前は行《ぎょう》が進み、普通ならもうこれで達成の時期がきているのだが、お前ならもう一つ上の悟りを開いて梵天《ぼんてん》の世界に生まれかわることができるだろう。お前にその道を説く時がきた。それは百人の人を殺し、その人の指で以て指鬘《しまん》（指でつくる首飾り）をつくりなさい。それが梵天の世界に生まれかわるための修行である」と命じるのです。

このように非道で無茶な教えにそそのかされて悶絶せんばかりに苦悩したアングリマーラでありますが、師匠さまの言われることには間違いはないはず、それは残虐な行為ではあるが、宗教的な目的の為に殺されれば、その殺された人もまた、自分と共に梵天に生まれることができるのだと思いこみます。そしてその殺人を実行します。インドにはたしかにこういうことをもそう思いこませるような宗教的雰囲気があるのです。血は血をよんでたちどころに九十九人の人を殺してしまいました。何ということをしてしまったのだとそれを知らされたアングリマーラのお母さんが止めさせるためにその現場にかけつけてきました。

彼はそのお母さんをも殺そうとするのです。尊い教えの目的を果すためとは言え、何とむごいことでありましょうか。丁度その時、そこを通りがかられたのがお釈迦さまでした。このあわれなる状態をごらんになってお釈迦さまが危険をもかえりみられずに、その行状の非なるをおさとしになります。この釈尊のお姿を見た彼は得たりとばかり百人目に沙門があらわれてくれた、これで梵天に生まれ変る事は間違いなしとお釈迦さまに向って刃をふりかざしてまいります。

ところが手許が狂ってどうしても殺せません。そこをついてお釈迦さまは諄々《じゅんじゅん》と彼を教化されるのです。間違いに目覚めたアングリマーラは返す刃で死のうとします。お釈迦さまは「死んで罪が滅びるものではない、その罪を滅ぼすには清算できるだけの善業に励まねばならない」と仰せになりました。その時アングリマーラに説かれたお言葉が、阿含《あごん》経《ぎょう》の中の「さきにおかせるおのれの悪業を　今や善業をもておおう人は　この世を照らすこと　恰《あたか》も雲間を出でし　月の如し」との教えでありました。

こうしてお釈迦さまにひきとられ弟子となったアングリマーラは肉親を殺された人々の憎しみに耐え続けながら修行に励み阿羅漢《あらかん》の悟りを開くのです。このアングリマーラのことを指鬘外道《しまんげどう》と申しまして、この人については種々の顛末が物語られています。私はこの話に接して『万葉集』の「思はぬに　時雨の雨は　零《ふ》りたれど　天雲霽《は》れて　月夜さやけし」の歌を思い出すのです。この歌は決して単なる自然描写ではなく、仏教思想のふくまれた歌であると思うのです。今、善い行いをする事によって過去の悪が許され、それが未来に向かって価値を転換する可能性を生み出すのです。このように懺悔はいかなる人をも、正しい方向に生まれかわらせてくれるものだということを知っていただきたいのです。

それではこの章を終わるにあたって今一つ、さらに大事な悔過《けか》の意義を書きそえておきます。この悔過については、最初に申し述べましたように、知っているところで犯している罪よりも知らない所で犯している罪が恐ろしいのです。この知らない所で犯している罪に目覚めさせて下さるのが悔過であります、と申してまいりましたが、それがさらに大きく翻《ひるがえ》ってゆくのです。私どもが目に見えるところでいただいているおかげ、これを顕加《けんが》と申します。

この顕加にはお礼を申す事も感謝する事も出来ますが、これは氷山の一角です。この顕加をあらしめている目に見えない底知れない深くしてまた無限にひろがるおかげの世界、これを冥加《みょうが》と申します。見えないところで、目に見えないところからいただいているおかげさまの世界です。この冥加なるおかげさまの世界に目を開かせて、それにむかって掌を合せ感謝する心を、そしてその見えざるお加護に対して報恩謝徳（おかげがえし）の行にむかわせ発心《ほっしん》させて下さる働きがさらに大きな悔過の大切な意味であるのです。

どうかこの懺悔する心の養われによって新しい生活する心の始まりをいただかれて下さ

い。冥々たるを観《み》、声なき声を聴くと申しますが、御催促のないところを大切にする心の養いをいただくところから、おかげさまということをわからせていただく仏教的人間としての誕生とお育てがいただけるのです。

七　「播かぬ種ははえぬ」ということ

母の胎内から生涯は始まる

仏教で「四有輪転《しうりんてん》」ということを説きます。「生有《しょうう》」、「本有《ほんう》」、「死有《しう》」、「中有《ちゅうう》」が「四有《しう》」です。「輪転」とはこの四有の間を車輪が回転する如く経回《へめぐ》りまわるということです。四有については、世親《せしん》菩薩が倶舎論《くしゃろん》という仏教の大切な書物の中に次のように説明がなされています。世親菩薩は四世紀から五世紀の頃、ガンダーラのペシャワールで出生された学僧です。

私達が母親の胎内に宿った一刹那《せつな》を生有といい、次の刹那から本有が始まります。生有はほんの一刹那（仏教の最短時間単位で七十五分の一秒と計算される）です。本有は母親の胎内に宿った生有の次の刹那から臨終の一念（死の刹那）までを言います。そして臨終の一念が死有で、これは生有と同様に一刹那です。次の刹那から中有となります。死んで後、次の世界に生まれるまでの間が中有です。

ところで本有には母親の胎内での時期と胎外での時期とがあります。倶舎論にこの胎内における期間を三十八週間（二百六十六日間。世にいう十月十日《とつきとおか》）として胎児の発育状態が丁寧に説明されています。

即ち最初の七日間の位を凝滑《ぎょうこち》（または、ぎょうこつ）と申しまして、恰《あたか》も蓴菜《じゅんさい》、むかしはぬなわとも呼ばれていたあのお汁に入れていただく食べ物ですが、あのような、またところてんのような滑かなかたまりの状態の時期があって、次の七日間の位が皰《ほう》と申します。滑かなかたまりのまわりに薄い皮が生じてくる時期です。この次の七日間の位は血肉《けちにく》といいまして、ここで血と肉に分かれます。そして次の七日間の時期を堅肉と申しまして、段々と体が固体になるのです。この四つの時期を経て次には三十四の七日間の位、つまり三十四週間を支節といって、手足や骨格が人間の体として整うのです。この三十八週間、即ち二百六十六日間が世間にいう十月十日《とつきとおか》です。

この間が私どもの母親の胎内での大切な成長時期です。私達お互いにとって母親の胎内でのこの時期が極めて大切な日々なのです。私達は今、「オギャー」と、胎内から胎外へ出た時を誕生として、それをもってこの世の生涯の始まりのように思っていますがそうではなくすでに胎内において私達の生涯が始まっているのです。ですから、私達が母親の胎内に宿った刹那、すなわち生有《しょうう》こそが本当の誕生日なのです。従って人の年齢は胎内の二百六十六日間も含めて数えるべきです。それを人間零歳の記録など零歳扱いをするなど言語道断です。それは心ならずも胎内での生涯を無視していることになりかねません。それが知らず知らずのうちに生命に対する尊厳なる気持を失わしめていることに気付かねばなりません。一分でも一秒でもあればそれは零ではありません。それを零に扱うことは間違いです。

ですから私は満年齢に強い抵抗を覚えます。年齢は必ず数え年でかぞえるべきです。数え年こそは東洋のあたたかい叡智であると確信しています。しかしこの意見は特にご婦人方からの賛同はなかなか得ることができません。満の方が数え年よりも、一つ二つ若く言える、見てもらえるからです。しかし若く思ってもらえても、おのずからあらわれ出てくる顔のしわの数にはかわりはないと思います。それよりも、胎内での尊厳なる生命の養いに気付かせてもらうことがこそ肝要です。

古来、胎教という事が大事にされてきました。胎教は胎内の子供の心身形成のためのみならず、母親自身が母となるための重要な訓練の要所です。だからこそ胎内における十月十日は胎児にとっては生涯をきめる重要なる時期なのです。それを零歳に扱ったり、単に生理的な発育の面でのみ、この期間を考えるのは大きな偏見であると思います。親の恩を身近に説いた父母恩重経《ぶもおんじゅうきょう》の中に、「人の此の世に生るるは宿業《しゅくごう》を因として、父母《ちちはは》を縁とせり。父にあらざれば生ぜず、母にあらざれば育《いく》せず。ここを以て気を父の胤《たね》に稟《う》けて形を母の胎《たい》に托す。此の因縁を以ての故に、非母《ひも》の子を念《おも》うこと、世間に比《たぐ》いあることなく、その恩未形《みぎょう》に及べり」とありますが、このお経をおよみになり、またこの一節に接して「今、私どもが恐れている愛情欠乏症の原因がこの時期への心得違いにある事に、おそまきながらも気付きました」と、さる小児科のお医者さまが言われた時のお言葉と涙ぐまれたお姿を思い出します。

来世へ生まれかわるまでの期間

私どもが日々の生活の中で行ういろいろな行為、つまりからだでの行い（身業《しんごう》）、言葉で話し（語業《ごごう》）、心であれこれ思いめぐらす（意業《いごう》）、それらすべての行為をひっくるめて業という事については既に説明いたしましたが、この業が私どもの来世を決めるのです。私どもの死有《しう》から次の来世へ生まれるまでの間の時期が中有《ちゅうう》です。これは梵語のアンタラバーバーを訳した言葉で中陰《ちゅういん》とも訳します。中有よりも中陰の方が、一般的にはよく使われているようです。倶舎論にこの中陰の期間は一番短くて七日間、最長が四十九日、つまり七日七日《なぬかなぬか》を一つの区切りとして、早い人は七日目に次の世界に生まれかわるといいます。次に早い人は二七日《ふたなぬか》目に、その次は三七日《みなぬか》目にと、そしてどんなに遅い人でも四十九日目には必ず次の世界に生まれかわると説いています。

そうしたところから、次の世界に生まれる七日目の前日にお逮夜《たいや》の法要を勤めるのです。お逮夜には故人と親しかった人達が供養の品を持ち寄って集まり、お経やご詠歌をあげて追福作善《ついふくさぜん》（他の人の幸福をねがって、代わって善を作《な》してその善なる行為によって得る功《く》徳《どく》をその人のためにふりむける）を行います。

生前故人がなし足りなかった善根《ぜんこん》を故人にかわって後に残った者がしてさしあげる、その行為によって後に残った者が受けるいい報いを自分がいただかないで、その功徳《くどく》を亡くなられた方にふりむけ、差しむけてあげる。これを回向《えこう》（廻向）と申します。回向はふりむける、さしむけるという意味の言葉です。このようにして翌日の七日目に少しでもいい所へ生まれかわっていただこうと追福作善をねがって御供養のお勤めをするのがお逮夜《たいや》の法要です。

このお逮夜をかさねて、どんな遅い人でも四十九日を経ると必ず次の世界へ生まれるところから、四十九日を「満中陰《まんちゅういん》（満中有・中陰が満《み》つる）」といいます。ですから、この四十九日の間はきっちりとおまつりをしていただかなくてはなりません。ところが近頃はそれがきわめて事務的に簡素化され、ほんの形式的に行われる世の中になってきました。理屈と鳥もちはどこへでもつくもので、三月《みつき》にまたがるといけないなどと後に残った者の得手勝手な理由付けをして、三十五日で切りあげることが流行っています。それどころか四七日、あるいは三七日で切りあげかねない時代です。

目に見えないものへの愛情

こちらの生きている者の都合で三十五日で切りあげてしまったりするけれどもまだ切りあがっておられないお命が「私はまだ切りあがってないんだよ」とおっしゃっています。その亡き人の見えてこないお姿を見、聞こえてこないお声をお聞きするという、冥々《めいめい》たるを観《み》る、声なき声を聞く、これがまつりごとの基本精神です。御催促のないところをこそ大切にしなければなりません。この催促のないところを大事にする心がまつりごとの心がけです。

目に見えて大きな声で催促するところへだけ、心奪われているのが今の世の中です。政治の世界ではことにそうです。日本の国では昔から政治することを政《まつ》りごとと申してきました。政りごとは祭りごとであります。これを祭政一致と言うのですが、神仏のみ心に叶う政治であらねばなりません。声高なところにだけ気をとられたり、政治に宗教心のないことがまるで金科玉条であるがごとく振舞っていることは大きな間違いです。家庭生活までがこの間違いを犯しては、家族間の荒廃を招くことにしかなりません。

私どもの御先祖さまは遠い先祖を神さまとして、近い先祖を仏さまとして家庭生活の中に神さま、仏さま、御先祖さまをおまつりする場をいただいて、まつりごとをしてこられました。この日本国民の尊い智慧ともいうべきまつりごとを家庭生活にとりもどしていただかねばなりません。どうかこのまつりごとする親のお姿に気づいて下さい。この家庭生活でのまつりごとで家族の心のおさまりを得させていただくのです。まつりごとの大切な基本に御先祖さまへのお給仕があります。お仏飯《ぶっぱん》のお給仕と申します。

これらを忘れ、不真面目にして、勝手な理由をつけて生きている者が、亡くなられたお命の御都合に合せてまつりごとをすべきである事をすら打ち忘れて、お亡くなりになったお命に生きている者の都合に合させたり、勝手に早い目に切りあげるなど、これは亡くなられたお命に対する思い上がりも甚だしい。傲慢この上ない行為です。こうした親の姿が子供に影響を与え、家庭や学校や社会における人間関係が自己中心、身勝手なエゴに満ち、そして傲慢な思いあがり人間をつくり出しているのです。

ゲーテは「信仰とは目に見えないものに対するあたたかい愛情の養われの場である」と言っています。目に見えぬものに対するあたたかい愛情、つまり目に見えない神さま、仏さま、御先祖さまへの尊敬、親しみ、感謝する気持の養われ、これが情操というものです。たとえ立派な機械でも潤滑油の流れがなければ摩擦熱が生じて、故障してしまいます。機械が滑かに回転するためには潤滑油のはたらきが必要です。このように御先祖さまをおまつりさせていただくという営みが、家庭生活する家族の関係を滑らかにして下さいます。無意識のなかにこそ真実の意識は潜在しています。この無意識のなかの真実の意識は意識以前の子供の心の中に親の姿で培《つちか》っていただかねばなりません。

さらにつけ加えて言いますなれば、すでにお胎《なか》のなかから子供は親の姿、言葉、心がけを学んでいます。子供は親の姿を見よう見真似《みまね》で真似《まね》て学ぶのです。真似《まね》ぶが学《まな》ぶという教育の始まりです。家庭生活は決して生きている家族だけで生活しているのではありません。目には見えないけれども御先祖さまも御一緒に生活をして下さっているのであると気づかせてもらう心の養いが大切なのです。これは理屈で教えたり、養ったり出来るものではありません。御先祖さまをおまつりする親の姿でしか教えることは出来ません。過去からのおかげにむかって合掌する親の姿から、未来へのあたたかい潤いのある情操が培われてまいります。

とにかく亡くなられた方のお命を敬ってまつりごとを丁寧にする、このお逮夜《たいや》づとめの大切な意味を弁《わきま》えていただきたいのです。

このまつりごとについて私事になりますが、私が父と死別したのは昭和九年、小学校四年の時でした。そこで昭和五十八年でしたが、七月六日にその父の五十回忌を勤めさせてもらいました。私としては還暦の一年前、六十の歳で五十回忌を勤めての感慨は一入《ひとしお》でありました。ところが昭和三十一年生まれの私の娘、都耶子《つやこ》にとりましては、一緒に旅をした事もない、お小遣いをもらった事の一度もない、これは馴染《なじみ》のない祖父でしかありません。彼女にとっておじいさん、おばあさんというのは今も健在である母方の祖父母でしかありません。

そんなわけで、五十回忌の後、何の馴染も親しみもない祖父の法事についてその感想を求めたところ、確かに何の馴染も親しみもないと正直に前置きをして「けれどもお父ちゃまが五十回忌のお勤めを一所懸命している姿を見て、ああ私のお祖父ちゃんやねんなという気がしたよ」と言ってくれました。五十回忌が私の父親と娘の新たな出合いの始まりになってくれたことがとてもうれしゅうございました。子供にとっては馴染のない御先祖も、目には見えないが在《いま》すが如くにおまつりごとをする親の姿で、子供の心の中に御先祖さまへの心のぬくもりの気持が育てられてくれたのでした。

「三人の天使」の教え

あれは昭和五十七年の十月でした。私が北海道へ講演に行った折のことです。札幌から函館までは車で六、七時間はかかる道程です。北海道は広いです。この道を私の札幌の宿まで亀井敏清・礼さんご夫妻がわざわざ函館から、一言お礼を言いたいからとたずねてきて下さいました。

それはこの礼夫人が「婦人画報」の愛読者でありました。その頃私は同誌に連載していました。ある月、他のことは一切控えて、父母恩重経《ぶもおんじゅうきょう》を活字を大きくしてのせて、このお経を家族のみなさんと声に出しておよみになって下さることをおねがいしたのです。その父母恩重経をおよみになって下さったのです。そしてもしお母さんが病気になられた時には、自分が看病をさせていただこうとの気持になって下さったというのです。けれども時を経るうちにその気持が徐々にゆらぎ始めました。何しろご主人の敏清さんは十人きょうだいの中で男が四人、その三男です。一番下の妹さんがお母さんといっしょに住んでお世話をしておられました。そんな中へお母さんが病気になられたからといって、三男の嫁である自分が入りこんで看病をするという事はしゃしゃり出過ぎではないかと、そんな思いからの看病への気持のゆらぎ始めであったというわけです。

ちょうどゆらいでいるその頃に「三人の天使が教えてくれるもの」という話を書いたのです。それを礼夫人がおよみになりました。古いお経である阿含経の中の教えのお取次ぎでありました。仏教の天使は西洋のエンゼルの如く羽がはえてフワリフワリと飛び回る明るいそれとは余程おもむきが違います。老《お》いる、病《や》む、死ぬという人生の厳粛な事実を私ども凡夫に知らせに出てきてくれる、教えてくれるための閻魔《えんま》さんのお使い者《しゃ》が実は三人の天使なのです。その内容をかいつまんで言いますと、お年寄りをいたわる、あたたかく病める人の看病をさせていただく、お亡くなりになったお命を敬って心をこめて在《いま》しますが如く丁寧におまつりごとにつとめる。これが私どもが住むこの世の中を地獄におとしいれないための大切な心がまえであり、道行きであるという教えであります。

礼夫人はこの「三人の天使の教え」をおよみになってお母さんの看病に対する心のゆらぎがきえて、改めて再び看病への気持を新たになさって下さったのです。ところがそれから十日程して、それこそ「ねがわぬことではありましたが」とおっしゃって、お母さまが病床に臥される身になられたとのお話をなさいました。気持を新たにした直後であったので礼さんは躊躇《ためら》うことなく、ひたすらに看病に打ち込むことが出来ましたとのこと、また、その礼夫人の姿に、敏清氏の弟、四男の奥さんである佳世子夫人が「姉さん、私にも看病を手伝わせて下さい」と、それは熱心に看病されたそうです。一番下の妹さんともどもお母さまのお世話、そして十人のきょうだいみんなが看病に心と力を合せる事がお出来になりました。

そして十人の兄姉弟妹が話し合って、あるいは万一の時がくるかも知れないが、その時には、病院からではなく、私たち十人の子供を苦労して育てて下さった、お母さんの最も思い出深いこの家から、何としても、来世へのお浄土に旅立たせてあげたいと、病院の協力もいただかれました。お母さんにとっては我が家での心安らかな療養の日々でありました。ある日、看護婦さんが、「お婆さんの子供は何人ですか」と尋ねました。その時すでにものが言えなくなっておられたお母さんですが、子供さんの数を聞かれて、はっきりと、両手をひろげて指を十本出されたそうです。これによって意識はまだ確かに働いていることが確認出来て安堵されたのです。

そしてそのあとです。その指十本にそえて、さらにもう二本、指をしっかりと前に示されたのです。この二本の指を見て、三男四男の奥さん同士が抱き合って泣き合って喜び合われたのです。それは、私の子供は十二人だという意志表示であったのです。佳世子さんが「お姉さんありがとう、見て、お母さんが私たちをちゃんと子供の数のなかに入れて下さっている。看病をさせていただいたおかげです」「佳世子さんよかったわね」と泣いて喜び合ったと。そうなのです、もの言えないお母さんが精一杯に、「この二人は三男、四男の嫁ではない。私の大事な可愛い娘です。子供です」とおっしゃりたい胸の底からのお気持をあらわされての指二本だったのです。

やがてお母さまは、思い出深い懐かしい我が家から、愛《いと》しい子供や孫たちに見送られて旅立って逝かれました。それはまったく心おきないあの世へのお旅立ち、それこそ美しい来世へのお旅立ちであったとのことでありました。「おかげで私どももまた心おきなくお見送りすることが出来ました。それもこれも父母恩重経をよませていただき、三人の天使の話を教えていただいたおかげでございます」と。このお礼をおっしゃって下さるためにわざわざ遠い所を訪ねてきて下さったのです。

しかしこの話を聞いて、お礼を言わねばならないのは私の方だと思いました。ものを書く事を職とする者でない私どもが同じ雑誌に連載を続けるのは、それなりの苦労なことなのです。けれどもこの亀井ご夫妻の話を聞いて、こんなお手伝いが出来ただけでも苦労のつ甲斐があったと、心底そう思ったからです。そこでお尋ねしますと、お母さまの院号のついた法名をきちんと覚えておられました。それも嬉しいことでした。急ごしらえの祭壇を宿の部屋に設《しつら》えて御母堂のご冥福をねがいつつ、香をたいて読経し、ご回向《えこう》申し上げました。

ところでその後しばらくして亀井さんの長男で当時高校三年生であった一行君が京都へ

来たからと、足をのばして薬師寺へ私を訪ねてきてくれました。

　彼が「お婆ちゃんはもう死んだのに今でもうちのお父さんとお母さんね、お婆ちゃんのことを大事にしているのですよ」と言うのです。亡きお命を敬ってていねいにおまつりごとをつとめ、今も在《いま》すが如くに、お仏壇のお給仕に励む親の姿を子供はこのように観てくれているのですね。そしてもう一言《ひとこと》、彼は自分につぶやくが如くに「僕、うちのお父さんとお母さんとってもえらいと思うんだ」と、んだにアクセントをつけ、函館訛《なま》りで言った言葉が今も印象にのこっています。その時、私はこの言葉に思わず亀井夫妻の姿が目の前に湧き出てきました。

　そして子供がこんなこと言ってくれるではないか、あの夫妻はきっと老後、後生の幸せをもらえるお方だと思いました。そして本当によかったと思いました。しかしそれはさらに年を召されたお母さま、つまり一行君からみればお婆さんの看病をしている姿をこの息子が見てくれていたからです。さらに年寄られた親の看病をしている親の姿を見て育った子供と、そんな親の姿を見せてもらった事もない環境でしか育っていない子供とでは、心の優しさ、あたたかさの養われ方が根本的に違うものです。

　それでは、ここでおねがいを申し上げます。まずはお年を召されたお方にであります。それはどうか〝ぽっくりと死ぬ〟と言うことはお考えにならないで下さいということです。

ぽっくりとではなくどうかごゆっくりとなさって下さい。そして喜んで感謝の気持で子供さん方のご看病をお受けになって下さい。その看病してくれている息子さんや娘さんの姿を、孫さんがその親の姿を見て育ってくれます。それが息子さんや娘さんの老後、後生の幸福につながってゆくのです。どうか安心して看病してもらって下さい。いやさせてあげて下さいませ。

次に若い親御さん、ことにお母さん方、奥さん方におねがいをします。それは私の話を聴聞《ちょうもん》して下さるお方でもそうです。またこうして、拙文をおよみ下さるなど、御縁の袖触れ合わさせていただく方々にはどうしても情が湧いてまいります。少しでも情のかよったお方が地獄に堕《お》ちられることなどあまりにも辛いです。ですからどうか皆さま方、「咳《せき》をしても一人」……こんな恐ろしい孤独地獄に堕ちて下さいませぬようにとのおねがいです。もし親をして孤独地獄へ追いやらんか、その親の姿を見ては子供はきっと「うんそうだ、俺もああして親が、年寄れば孤独地獄へ追いやればいいのだな」と知らず識らずのうちに真似て学ぶことでしょう。これはいけません。

どうかご自分の姿で孤独地獄への追いやられ方を教えないで下さい。繰り返します。この恐ろしい「咳をしても一人」の孤独地獄へ堕ちてもらわないために、亀井さんのお母さんが出された指十本、そのお指に加えられた指二本、どうかこの二本の指のお一人のお姿にお励みになっていただきたいのです。よく頼まれて講演に出かけますが、ＰＴＡ主催の講演会には若いお母さま方の集まりが多いので、この三人の天使のお話を申し上げて、老後、後生のお幸せをおねがいすることにつとめています。どうかおねがいをします、孤独地獄に堕ちて下さいませぬように。

因縁因果《いんねんいんが》、これは私どもが生命ある限り永久に新しい教えです。ひらたく言えばこれは「播かぬ種ははえぬ」ということです。苦労に堪えられる体のある間に老後、後生の幸福《しあわせ》の種を親の姿で子供さん方の心の中にお播《ま》きになっておいて下さい。

これは何も私ども、今の親の老後、後生の幸福の問題であるだけでなく、子供が孫から孫が曾孫《ひまご》からの老後、後生の幸福につながってゆく道になるのです。私はつねづね、家族制度こそあたたかい日本民族の慈悲であると信じています。後生の幸福、これを冥福と申しますが、この冥福については改めて次章にゆずらせていただきます。

八　死んで後の幸せとは

母なればこそ、父なればこそ

各地の婦人会、青年会議所、ライオンズクラブ、PTA等、種々の団体からお招きを受けて講演に出かけますが、その度に必ずといっていい程私は父《ぶ》母《も》恩重経《おんじゅうきょう》を中心に、あるいは他のテーマの中にそれを加えて話す事を目下の中心にしています。父母恩重経は親の恩の尊さを身近に説いたお経です。

恩という字は原因の因の下に心がついています。これは過去からそして現在のあらゆるおかげがあってこそ私達の今があるのだということ、つまり親の恩をはじめ、過去、現在のあらゆるおかげを心にいただく意味をこめて恩の字は構成されています。今はそうしたおかげを、それに対する感謝の心を等閑《なおざり》にして、人を思いやるあたたかい心のみならず親子の情愛までもが失われていく冷たい世の中になってきました。現にそうでしょう、頼みもしないのに親が勝手に産んでおいて子供に親孝行しろという、そんな事は親の身勝手である、などと平気でいう子供達の時代になってきています。そしてそれを聞いた親の方も、そういわれてみればなるほどそうだ、頼まれもしないのにお産み申し上げてすみませんでしたとあやまる、そんなことが何のためらいもない時代になってしまいました。講演の度に父母恩重経について話さずにはいられぬ所以《ゆえん》です。頼んでもなかなか頼みを聞いてもらえないそんな冷たい世の中で頼まれもしないのに命がけで産んで下さるのはお母さまなればこそです。また苦労して働いて下さるそれはお父さまなればこそです。

聖武《しょうむ》天皇と光明《こうみょう》皇后の間にお生まれになった孝謙《こうけん》天皇が天平宝字元年（西紀七五七年）、各家庭において『孝経《こうきょう》』をよむようにとの詔《みことのり》を出されました。これより先、文武《もんむ》天皇の大宝元年（西紀七〇一年）に定められた大宝律令《たいほうりつりょう》で『孝経』を大学生の必須科目に定められています。爾来この孔子さまが説かれた『孝経』は国民必読の書として、教育の根底に必ず孝の道が説かれてまいりました。この『孝経』の最初に「夫《そ》れ孝は徳の本《もと》なり。教えのよって生ずるところなり」とあります。これは孝が道徳万般の根本であって、この親の恩に報いる心の養われがあってはじめて教育の価値がうるわしく生まれてくるとの教えです。こうした教えが教育の根底にある事により、親子の情愛のぬくもりと共に情操が養われ、そこから世の中をあたたかく幸せにする基盤が成り立つのです。文化、政治などをふくめて人の世の全てのもとは親子の情愛のぬくもり、子供に親孝行を教えることから始まるのです。親孝行は文化の基です。

西洋の近代の歴史は自我の発見の歴史です。その影響をもろにかぶって戦後日本の教育は始まりました。それがために情操を育む道徳教育は全く追放されてしまったといっても過言ではない状態です。その結果、日本の学校教育は自我と知識の場と化し、無我と智慧の養いは骨抜きにされてしまいました。

自我と知識から出てくるのは不平、不満と権利の主張です。戦後の教育で育った親達の自我と知識、そして今、学校からもらってくる子供達の自我と知識が正面から衝突し、対立し合って家庭内に種々の亀裂《きれつ》がおこり、それが社会問題へとふくらんできているのです。

自我を生かしてくれるのは無我です。知識を磨いてくれるのが智慧です。無我と自我、智慧と知識が互いに塩梅《あんばい》よく調和し合ってこそ、子供達が学校でもらってきた知識と自我を生かし磨いて、ふくよかなあたたかい人間関係が養われるのです。ですから今こそ家庭内で親の無我と智慧なる姿でもって、有難いことです、おかげさまです、勿体《もったい》のうございますと、喜んで感謝する心の養いを子供達の心に育てなければならない時であることに目覚めていただきたいのです。それなくしては所詮救われ難い世の中に落ち込んでいくこと必定《ひつじょう》であります。そういった意味からでも、ぜひ父母恩重経をよんでいただきたいのです。そして親子の情愛のぬくもりを養い育てて下さることをねがわずにいられません。

母の詩、父の詩

インドへ仏蹟巡拝に上がった時の事です。私ども一行を案内して下さったダス・ボーミックさんがその日の巡拝を終えて暗闇の中をホテルへひた走り続けるバスの中で、お母さんを称《たた》えたインドの美しい詩を語って下さいました。

お母さんは天よりも地よりももっともっと大切です。お母さんは十月《とつき》の間私たちをおなかの中であたためてくれました。子供のためなれば笑顔で命すててくれるお母さん。食べるものも自分よりも先に子供に食べさせてくれたお母さん。食べるものがない時は自分が食べないですませてくれたお母さん。傷《いた》みをのりこえて私達の命を産み出してくれたお母さん。そしてその傷みをよろこんで忘れて下さったお母さん。天よりも地よりももっともっと大切なもの、それはお母さんです。

その頃ダスさんは母さんを亡くされて間もない頃だったのです。日本でいう四十九日がすむか、すまないかという時でありました。しきりと目見《まみ》をうるませながらその詩を語って下さったのでした。私は恰《あたか》も父母恩重経を聞いているような気持で、胸をジインとあつくしながら聞かせていただいたのでした。「そこでもしお父さんを詠んだ詩があればその詩をも教えて下さいませんか」と頼みました。するとダスさんは「お父さんは空に輝く星です。人生の道しるべになってくれる空に輝く星、それがお父さんです」という詩のあることを教えて下さいました。とってもいい詩です。けれどもお母さんの詩にくらべると大変短いですね。同様に父母恩重経も父で説かれている所は十一ヵ所ですが、お母さんで説かれている所は三十三ヵ所もあります。そして親の苦労の具体的な姿はことごとく母の姿で説かれているのです。

私はお父さんの詩を聞きながら、中国に「父は子の天なり」という言葉があるのを思い出していました。中国にはまた「子を養いて教えざるは父のあやまちなり」という言葉もあります。これはただ給料袋を持って帰って妻子を養うだけが父親ではない。父親にしか出来ないことを子供にしっかりと教えこむのが父親の大切なつとめなのだとの教えです。

父は打ち　母は抱きて　悲しめば　違う心と　子や思うらん――「お父さんがあなたを叱るのは世の中のためにお役に立つ人になってもらいたい、辛抱《しんぼう》強い人になってもらわねばの気持で叱って下さっているのよ、お母さんよりも、もっともっと強い愛情からの厳しさなのよ」と、このように世のお母さん方は子供と父親の間に立つ豊かな愛情の翻訳者となっていただきたいのです。いうなればこれが母としての無我であり、智慧のお姿です。

父母恩重経を読誦する事により親子の情愛のぬくもりを養い育てて下さると共に、父は父として母は母としての子供に対する精神の培《つちか》いと情操の涵養《かんよう》をおねがいします。

子や孫にあたたかく思い出される幸せを冥福という

それでは「冥福《めいふく》について」のお話をいたします。「謹んでご冥福をねがう」とか、「冥福をいのる」とは弔電の時に用いる言葉です。死んで後、来世の幸せを冥福といいます。私達にとって死んで後の幸せって一体何がそれであるのでしょうか。まずそうした意味合いの説明からお話を致します。

私は親子であれ夫婦であれ、真実の対話は死に別れた日から始まると思っています。また前にも書きましたが、親が子に、子が親に、夫が妻に、妻が夫に、それぞれお互い慕わしい者どうしが残し合う最大の遺産は死それ自体であると信じています。厳粛にこのことを受けとめて下さい。その最大の遺産である死をどのように受けとめてそれをどのように生かすか、それが後に残った者の先立たれた方に対する最も大切なつとめです。そしてそれが亡くなられた方々へのご冥福へとつながっていくのです。

私達は死んで後、何一つあの世へ持っては行けません。生前大好き着物であったからと、それを着せてもらっても全部灰にして残していかなければなりません。お茶の好きなお人であったからと、一足先に行って飲んでいて下さいと情愛をこめてお茶の道具一揃いを、お棺に入れて持ってもらってもですよ、骨あげの時、お茶碗は元の形のまま残っています。お茶碗一つ持って行ってもらえないのです。そのように何ひとつ持ってゆくことの出来ない私どもなのです。そんな私どもの死んで後の幸せとは一体何があるのだろうかと考えるのです。

メーテルリンクの作品に『青い鳥』という童話劇があります。皆さん方もよく御存知でしょうが、チルチルとミチルという幼い兄妹が、幸せの青い鳥を探し求めて世界中を遍歴するお話です。自分達の飼っている青い鳥にいろいろと不平不満を抱いていたチルチルとミチルが、本当の青い鳥はもっと美しいに違いないと、夢の中で幸せの青い鳥をたずねて世界中をかけめぐります。しかしどこへ行っても幸せの青い鳥を手にすることは出来なかった。目が覚めて結局、自分の家の土間においてある籠の中の鳥が幸せの青い鳥であったと気がつくのです。喜んで感謝する気持の中からこそ幸せの青い鳥は生まれてくるのであって、不平、不満で毎日を暮らしている人は、どんなに豊かなものに恵まれても、一生経回《へめぐ》っても幸せにめぐり合うことは出来ないことをメーテルリンクは教えてくれているのです。

この『青い鳥』の中にチルチルとミチルが死後の世界を訪ねる一幕があります。そこで兄妹は亡くなったおじいさんとおばあさんに出合います。子供は率直ですから、「あ、おじいちゃんおばあちゃん、死んだと思っていたのに生きていたの」と喜びたずねるチルチルとミチルにおじいさんが答えます。

「おじいちゃんもおばあちゃんももう死んでいるんだよ。けれどもお前さん達がこうして会いに来てくれた時、つまり思い出してくれた時にはいつもこうして会えるんだよ。おじいちゃんもおばあちゃんも今お前さん達に会えてとても幸せなんだ。だから嬉しそうだろう。お前さん達がおじいちゃんおばあちゃんに会いに来てくれなくなれば、思い出してもくれなくなれば私達は永遠の深い眠りの中に落ちていかなければならない。これからも会いに来ておくれ、思い出しておくれ、その時がおじいちゃんおばあちゃんの一番嬉しい幸せな時なんだよ」と。

こうしたチルチル、ミチルの兄妹がおじいさん、おばあさんと出合う一幕があります。この『青い鳥』の映画を薬師寺で上映したことがありました。それを見た子供達に感想を聞いたところ、大部分の子が「チルチルとミチルがおじいさんとおばあさんに会っている所が一番よかった」と答えてくれて、とても嬉しく思いました。子供はその心の中に命のつながりを強く感じとる、そんな素直な気持を持っているのです。

　こうした子供や孫、そして曾孫の心の中にいつまでも感謝され、尊敬され、親しみ深く温かく思い出してもらう、これが死んで後の唯一の幸せなのだという事をも『青い鳥』は教えてくれているのです。本当にその通りです。

　中国の孟子《もうし》さまに「大孝《たいこう》は終身《しゅうしん》父母を慕《した》う」というお言葉があります。生前は勿論、亡くなられて後もご両親を生きている限りお慕いし続けていくならば、それが最大の親孝行なのだ、というように私は受け取らせていただいております。どうか読者の皆さん方も父母恩重経を基本とする大孝を実践して親御さんを喜ばせてあげて下さい。そしてそれを言葉でもからだでも精神でもいい、親の姿でもって実践することによって、その姿が子供の心の中に、やがては孫や曾孫の心の中に永遠に生き続け、そこに各世代における親子の情愛のぬくもりと共に親と子の現在世のみならず未来世までもの真実の対話の場が養われ、そこから後生、来世の幸福が生み出されてまいるのではないかと思います。

死別ののちの夫婦の対話

　ところで真実の対話といえば私事で恐縮ですが、私の姉の話をちょっとお聞き下さい。

昭和五十九年六月でしたが、六つ年上の姉が四十四年間連れ添ってきた夫と死別いたしました。私にとっては義兄にあたるこの鈴鹿佐《たすく》という姉の夫は生きるということについて一つの哲学を持った真面目な人でした。理論家でした。それが姉にとってわずらわしいところであったのでしょう。また苛立《いらだ》たしいと思う気持も抱いていたようで、出張などで留守になると私の所へよく不満をこぼしにきました。その内容といえば大半が「私の感情を逆なでするような理屈を並べて、ほんまにあの人はわずらわしい人」、「今日から出張してくれて楽でいい」、「もっと長いこと、出来ることなればずーっと出張してくれればどんなに気持が清々するかわからない」などといったような調子でした。そんな時、私が同じ男同士として義兄の肩をもつと、「あんたはたった一人の姉に味方しないで他人の味方ばかりする。つめたい弟や」など、いうなれば弟への心安さから私は姉のうさと愚痴《ぐち》の吐け口にされていたのです。

ところがその義兄が亡くなった後、姉は毎日のように亡夫の位牌《いはい》の前に坐って泣きながら語りかけてはお経をあげ、また語りかけては生前の気ままの謝《あやま》りを続けていました。そこで私はある種の励ましをせねばなるまいと、「姉ちゃん、よかったなあ、もう佐《たっ》さんはずっと出張して帰ってこない。姉ちゃんはさぞや清々している事であろう」と申した事でありました。すると姉は「いや、それは生きてはる間の事で、死なれてみたらそんな事あらへん。

いろいろとあんたにあの人のことをこぼしていたけれどもあれは全部私が悪かったの。本当にきれい好きな人やった。庭の掃除をしていても座敷の掃除をしていても何をしていてもあの人のことが思い出されて……」と言ってから位牌の前に坐って「気ままばっかり言ってすみませんでした」とあやまる始末。そしてその後で、「四十九日のおつとめがすんだら、この家は思い出が多すぎてつらいから環境を変えた方がいいと思う」としきりに転宅の話をするのです。

そんなわけで四十九日が過ぎた頃、私が「姉ちゃん家を探そうか」といいますと、「いや、百ヵ日の間は亡くなった人はこの家にまだ住んではるというから、百ヵ日をきちんとこの家でおつとめをしてあげん事には」と、悲しいながらもそこにはやはり亡き夫とのなつかしい対話の場があったのでしょう。その姉がいうには「あんたはいつもよく、夫婦や親子の真実の対話は死に別れた日から始まると話しているけれども、その時はそんなものかなあと思って聞いていた。それがあの人と死に別れて、なるほど真実の対話は死に別れた日から始まるということが身をもってしみじみと感じられる。それにしてもあんたはええ（良い）話をしてくれているねんなあ」と。義兄が亡くなってくれて初めて、私は姉から私の法話に対する評価を受ける事が出来た次第です。そんな事で私も、ようこそ死んで下さったというわけではないけれども、時には義兄のお仏壇にお礼のお参りに行き、姉をなぐさめている次第です。

中国の人たちとの出合いの中で

私の姉の場合は夫婦の対話でしたが、ここでもう一つ、旅の空で経験した事を申し添えておきたいと思います。それは昭和五十九年の秋のことでした。玄奘三蔵の千三百二十年忌法要をおつとめすべく中国へ行った時のことです。昔から千三百二十年という、この年のめぐりを大切にするのだそうです。玄奘三蔵がおかくれになりましたのは、西紀六六四年の甲子歳《きのえねのとし》でありますが、二十二回めぐりきたって昭和五十九年がまた甲子歳でありました。

私ども一行が新疆《しんきょう》ウイグル自治区のウルムチへ向かうために西安空港へ行った時のことです。空港待合室に軍服を来た中国解放軍の軍人がおられました。その人の喪章が目につきました。『論語』の中に孔子さまは道で喪服の人に出合われた時は必ず乗っておられる車の横木に手をおいて礼をされたという「凶服《きょうふく》の者には之れに式《しょく》す」（式は車の前に横にわたしてある木）なる、孔子さまが門人に語られた言葉があります。その言葉を思い出して、いかに革命中国であるとはいえ中国の人達の心の中には今も儒教や仏教の精神が生き続けているにちがいないと思いましたので、そのお方に、「どなたかお身うちのお方にご不幸がおありになったのですか」と尋ねました。すると「母が亡くなり、西安に帰ってきましたが、そのつとめがすんでこれから自分の任地へ戻るところです」との事。そこで私はご冥福をねがってお経をあげさせていただこうとその気持を述べましたところが、「今の中国にはそういう仕来《しきた》り（ならわし）はありませんので」とすげなく断られてしまいました。私は合掌だけして自分の席へ戻りました。思えば差し出がましいことをしたものです。

やがて飛行機はウルムチに向かって飛び立ちました。途中、蘭州に寄港したのですが、その空港の待合室での事です。私ども一行の世話をしてくれている新日本国際観光の添乗員の一人が先程の軍人さんを私のところへ連れてきました。そして「このお方が管長さんにお詫び申し上げたいとおっしゃっています」というのです。機中でたまたま隣に坐ったその添乗員さんから、私が玄奘三蔵にゆかりある日本の古い寺の僧侶である事を聞かれ「先程はそういうお方であることを知らず、ご親切におっしゃっていただきながら大変ご無礼を致しました。また手を合わせて拝んでいただきましたが、きっと母は喜んでいると思います。母は仏教徒で信仰心のあつい人でした。有難うございました」と丁寧に詫びてお礼を言って下さいました。私は「差し出がましい余計な事をして申し訳ありませんでした」とお詫びを申しました。おだやかな表情でとても喜んで下さるものですから、つい名刺を取り出してそこに「如在（いますが如く）・南無観世音菩薩」と拝書して、「お母さまのご冥福をおねがい致します」とお渡ししました。軍人さんは涙ぐまんばかりに喜んで「私の母は幸せでございます。私もとても嬉しゅうございます。この飛行機がウルムチへ着けば私の妻も子供も迎えに来ています。どうか私の家族にも会ってやって下さい」と手を合わせておっしゃって下さいました。

それからまた、有名な洛陽《らくよう》の龍門石窟の奉先寺《ほうせんじ》の大仏さまの前庭の広場で法要をした時の事でした。玄奘三蔵はこの洛陽のお近くでお生まれになられたお方です。また僧となって最初に修行し学ばれたお寺は洛陽の浄土寺でありました。またインドへの大旅行を終えて、帰国された三蔵が、その後大きく協力をいただかれた唐の太宗皇帝と最初にお目にかかられたのも洛陽の都でありました。こうしたゆかりを思いながら、洛陽での法要をここ龍門でさせていただきました。その法要がすんだ時です。私どものお同行のお方が「この方お二人が私達がお経をあげている時、私達の持っていたお経本を覗《のぞ》きこんでいっしょにお経を読誦して下さいました」と中国の人を紹介して下さったのです。聞けばその中の一人の方は高校の先生で龍門の石窟へ観光旅行にやってきて私どもの法要に出合い、近づいてお経本を見せてもらうと、母親がよくよんでいた般若心経だったので、お母さまのことを思い出して、いっしょにお経をあげさせてもらったのだということでした。その方は私どもといっしょにお経をあげることができたのを大変喜んで下さり、私ども一行をバスに乗るまでついてきて見送って下さいました。

この高校の先生といい、先の解放軍の軍人さんといい、建前上では今の中国にはそのような仕来りはないとおっしゃるのですが、たとえ表面上は一応消えた状態になってはいても、心の中にはやはり儒教や仏教、仏教は後漢の明帝の時の甲子歳即ち西紀六四年に中国に伝わったと記録にのっていますから、実に二千年、人々の心をあたたかく育んでまいりました。そしてさらに道教の思想も息づいているのです。この伝統が人々の生活の底に今もしっかりと生き流れているのを見た思いがいたしました。

冥福《めいふく》、死んでのちの幸福、これは子供や孫そして曾孫たちの気持のなかに、あたたかくなつかしく、或は感謝され、或は尊敬され、思い出してもらう、これが唯《ただ》一つ死んでのちの幸福です。ですから弔電を打つ時、この冥福の文字をもちいる時に私は祈るというのではなく、「冥福をねがいます」と、ねがうという言葉をつかいます。どうか思い出のなかに、亡き御両親、祖父母さま、御先祖さまの後生のお幸福をおねがいいたします。このため後生、来世に息づく親子、先祖と子孫のあたたかい対話の場づくり、道づくりの大切さ、そしてそれが如何に人の心に懐かしさをよみがえらせ、人々の心のぬくもりが世の中をひろくあたためてくれる基になるものであるかを思う時、生活の中にうけつがれてきた神仏のまつりごとや、手を合わせて「いただきます」「ご馳走さま」という食前、食後の身近な作法など、各種のしきたりの伝承を、殊に子供さんたちへの為に世の親御さん方につよくおねがいをしたいのです。

九　時の流れは命の流れ

来世へと続く無窮の流れのなかに

「来世への心を養う」というテーマを気持の底にして語りを続けてまいりましたが、今、私はしみじみと「時の流れは命の流れ」であるとの思いを身にしみて感じています。そして「此の世のみ　世となな思いそ　後の世も　其の後の世も　此の世なりけり」との昔の人の歌が思い浮んでくるのです。じっくりとお考えになって下さい。全くその通りです。けれども私達はこのことを、何ら自覚する事なく、今生きている現在世だけの現在であるというような浅薄な考えでその日その日を過ごしています。

夏目漱石の小説の中に「現在の私を生んだ私の過去」という言葉があります。過去、現在、未来の流れのなかに今この現在があることをまことに適切に把えた言葉です。今生きている私どもの現在が現在世だけであり得ているのではないことに気づくことなく、いきなりこの世に生まれてきて、すべては今世ここに生まれてから、そして死ねばすべてはそれでおしまいとしか考えない生き方など、過去と未来に対しての無礼かつ無責任以外の何物でもありません。悠久なる過去からの時の流れ、命の流れが現在に至り、そして現在からさらに止まる事なく、未来へとつながっていくのです。現在が過去から生まれてきた如く、現在が未来を生みだしてゆきます。過去世から現在世、現在世から未来世へと続くこの無窮なる流れのなかに私達は今、現在世の命を、命の働きをいただいて生きているのです。

仏法は因縁因果《いんねんいんが》という大事を説く教えです。世にいう仏教の因果観は因縁因果の因果観でありまして、縁《えん》を殊に大切にしています。原因を結果に導くところの働き、力、条件を縁と申します。これはすべてのもの何事も原因とそれを結果に導く縁という働きがあって結果が生れてくるのです。この必然的な関係において一切が存在しているのであって、因と縁によって結果が導き出されてきているのです。つまり因と縁の必然的関係の上に結果として今この全てがあり得ているのです。この原因を結果に導く縁の働きがなければ、縁《えん》欠不生《けつふしょう》と申しまして結果は生まれて来ないのです。すべて世の中はご縁があっての必然的関係で成り立っています。それを私達はあっさりと偶然であるとばかり、縁《おかげ》を抜いて考えてしまうのです。必然的な関係を弁《わきま》えることのできない時、私達はそれを偶然という言葉で糊塗《こと》しているのです。たとえ偶然としか思えぬことであっても、必然的な関係でそれを受けとめてゆくところから人生に対する深い自覚が生まれてきます。

仏教は無窮なる時の流れ、命の流れの展開を六道輪廻で語ります。地獄、餓鬼、畜生、修羅《しゅら》、人間、天上、この六つの世界を六道といいます。これすべて迷いの世界です。私達が憧れる天人の住む天上界も仏教では迷いの世界の一つでしかありません。この迷界である六道から解放された解脱の世界が悟りの世界です。すなわち声聞《しょうもん》、独覚《どっかく》（縁覚《えんがく》ともいう）、菩薩《ぼさつ》、仏の四つの世界が悟りの世界です。解脱することなく恒常《つね》にこの迷いの六道を経回《へめぐ》り続けているのがお互い私ども凡夫です。この有様を六道輪廻あるいは生死流転《しょうじるてん》といいます。そこで皆さん方に少しでもよりよい来世を築くべく努力して下さることをねがいつつ、地獄を中心に餓鬼、天上等六道について、あらかたではありますが、その内容を説明しておきます。

地獄の苦しみは現代社会への警鐘

さて、簡単に地獄と申しましても地獄には八大熱地獄と八大寒地獄があり、また大地獄それぞれに十六の小地獄が付属しています。従って大地獄と小地獄を合せて二百七十二、これが地獄の基本数です。しかし近頃はその他に受験地獄、孤独地獄の普遍化、さらに交通地獄、サラ金地獄など地獄の数はますますふえつつある世の中でございます。

私ども憧れの天上とても迷いの世界の一つであると申しましたが、迷界であるが故に天人にも天人五衰《てんにんごすい》といって五つの衰微症状があらわれると共に寿命の尽きる時がやってまいります。この天人が天国を去らねばならぬ時の苦しみは、二百七十二に及ぶ大地獄と小地獄をあわせて地獄全部の苦しみのさらにその十六倍以上もの苦しみであるということです。これが何ともいみじくも穿《うが》った現代社会への警鐘であるのです。

平安時代の中頃、恵心僧都《えしんそうず》によって書かれた『往生要集《おうじょうようしゅう》』という書物があります。地獄や極楽のことが詳しく書かれている書物です。日本人の浄土思想に深くかかわる大切なご本です。この書物に説かれている地獄観に心をむけていただきます。地獄には先に述べたように八大熱地獄と八大寒地獄がありますが、日本人は古来、熱地獄の方に馴染《なじみ》が多いようですので熱地獄で要約してお話をいたします。八大熱地獄の最初は等活《とうかつ》地獄です。

この地獄は地獄の中では最も人間世界の近くにある地獄です。この地獄に堕ちた罪人達、とはいっても実は私どもが堕ちて地獄の罪人になるのです。ここでは出合った相手に対し常にお互いが激しい敵意を抱き合います。そしてお互い出合うなり狩人が鹿を見つけた時のように鉄と化した爪で傷つけ合うのです。その結果、血も肉も完全になくなるまで傷つけ合い、しまいには骨だけになってしまいます。それでもまだ傷のつけ合いは続きます。この等活地獄の罪人たちは鉄の爪が長くはえてそれが先でとがります。それがかきむしり合うのですから爪は真赤に染められます。

私はよく女性が爪を長くのばしてそれを真赤に染めているのを見かけますが、その度にこの等活地獄を思い出します。やがて頃を見はからってこの地獄の鬼達が出てきて、手に持った鉄の杖や棒で罪人達の頭をてっぺんから足の先まであらゆる所を叩きつぶして粉々にしてしまいます。その時の痛さといったら、骨の髄にまでひびいて耐えようがないのです。漸《ようや》くのこと粉々に叩きつぶされてもうこれ以上叩かれる事はないとやっと一安心するのですが、そこへどこからともなく涼しい風が吹いてきます。すると罪人達は再び元通り生き返らされます。生き返るとまた前と同じく、この苦しみを受けねばならないのです。それを繰り返し受け続けねばならないのです。この期間が何と一千二百五十万年間であるというのです。これでも地獄の中では苦しみも一番軽く、期間も短いのです。死にたくとも死ぬこともできないで、この苦しみに喘《あえ》ぎながら生き続けねばならない地獄です。

二番目の大熱地獄は黒縄《こくじょう》地獄です。この地獄の鬼達は堕ちた罪人をつかまえて焼けた鉄の地面にねかせ、焼けた鉄の鞭《むち》で体中を打ちます。また焼けた鉄の斧で体についた鞭のあとに沿って罪人達を切り刻むのです。また、鋸《のこぎり》や刀で体中を切って何百何千の肉の塊《かたまり》にしてあちらこちらに散らばします。この地獄の苦しみは前の等活地獄とその十六の付属小地獄の苦しみを合せてなお十倍にした苦しみであるのです。食堂で見かける熱した鉄板の上で牛肉をじゅじゅっと焼きあげて、それにフォークをあててナイフで切って齧《かぶ》りついている姿が思い浮びます。

こうして苦しみがそれぞれ十倍ずつ、期間がそれぞれ八倍ずつふえて八番目のもっとも恐しい無間《むげん》地獄に至ります。無間地獄は地獄の中でも最も深い底にあります。地獄はインドの奈落迦《ナラカ》を訳した地下の牢獄という意味の言葉です。この奈落迦が舞台の下を呼ぶ奈落になります。この無間地獄では苦しみの余りに罪人達が泣き叫びます。その声を聞くだけで、これからそこへ堕ちていく罪人は大変に苦しまねばならないのです。そこに向かって足を上に頭を下にされて二千年もかかって堕ちていくのです。

この地獄に舌が張りつけられる責苦《せめく》があります。罪人の口から舌をひっぱり出して、のばせるだけのばして、大地にひろげてそれに鉄の釘を打ちつけ、恰《あたか》も牛の皮をなめして張るようにどこにもしわができないようにローラーにかけてピーンと張りつけられて舌が口の中に戻らないようにされるのです。するとひとことたりともしゃべる事ができません。うなる事もできません。これは嘘をつくと閻魔さんに舌を抜かれると昔からいわれていますが、嘘、いつわりで世間をだました妄語《もうご》の罪の報いです。とにかく無間地獄の苦しみは他の七つの大地獄と付属の小地獄を全部合せて、さらに千倍以上の想像を絶する苦しみであり、その期間は半永久的なものだといわれます。

地獄の罪人とは私ども自身のこと

こうした恐しい地獄に墜《おと》された罪人達は自分達をひどい目にあわせる鬼達に「少しは可哀相だと哀れみの心をもって手をゆるめてくれてもいいではないか」とうらみごとを申します。すると鬼は、「お前達が勝手に地獄へ堕ちてきたのではないか。なにも私を怨むことはない。それぞれ生前にお前達自身が犯した悪い行為の報いをこうして地獄へ堕ちて受けているのではないか、怨むなら自分が生前に犯したその行為をこそ怨め」と申します。全くその通りです。

そして鬼は鬼で、「俺もこうしてお前達をいじめているが好きこのんでいじめているのではない。俺も生前の罪の報いのためにこうしてお前達をいじめねばならない仕事をさせられているのだ」と罪人達を叱りつけるのです。それはそうです。犯した罪で逮捕されて警官を恨んでもこれは筋違いです。それよりも犯した自分の行為をうらむべきです。そして犯した罪を反省すべきですわね。それをしなければいついつまでも刑務所暮らしです。

それは決して地獄に堕ちた罪人達に限ったことではありません。読者の皆さん方も含めて現在生きている私どもすべての問題であることをお忘れにならないで下さい。そして地獄の罪人というのが実はほかならぬ私ども自身であることをゆめゆめお忘れになりませぬようにに申し上げておきます。

大毘婆娑論《だいびばしゃろん》というインドの仏教の論書の中に「妄語《もうご》は第一の火なり、なお能《よ》く大海を焼く、況《いわ》んや妄語の人を焼くこと草木の薪を焼くが如し」とあります。妄語とは嘘、いつわりのことで、仏教の戒律の基本である五戒の中の一つに不妄語戒（嘘、いつわりを言わない）があります。

妄語は第一の火なり、たしかに口は災《わざわ》いのもとです。言葉故に人を傷つけたり、自らの信用を失い、身をほろぼすことはたしかにあります。私自身この点に関して口数が多いために人さまに御迷惑をおかけし、また自分自身を傷《そこ》なうことしばしばなる人間でありますので、言葉を慎むことの大事さが身にしみています。いるのですが、またしてもと失敗を繰り返している始末ですので、これはなるほどと身に沁みてわかります。ほんとに「一言《いちげん》非《ひ》にして駟馬《しば》も追う能《あた》わず」と申しますように、ひとたび口から発した言葉は四頭立ての馬で追っかけても追いつくことはできません。

私自身は舌を抜かれる張本人です。ここまではわかるのですが、それにしても「なお能く大海を焼く」……とは余りにも大袈裟な表現ではないか、大海を焼くとは言葉で地球全体を火で包むということですもの、これはオーバーだと人はみなそう思います。ところがです。今日、テレビのコマーシャルや新聞の広告その他至る所で目につく看板をごらんなさい。その殆んどが誇大広告、過大宣伝です。これみな妄語です。

　これらは人々の欲望をますます募らせ、その欲望によって大切な天然資源、地下資源を吸収しつくし、我々の住む社会、否地球全体までも死に追いやりかねない要因をますます増大させきたっています。そんなことを思う時、妄語は、第一の火です。なお能く大海を焼く……これは決して大袈裟な表現どころか私ども人間をのみならず全動植物を地獄へ追いこむ以外の何ものでもないといわねばなりません。誇大広告、過大宣伝のみならず近頃はいろんな情報網を駆使して人の心を平気で傷つけ、挙句の果ては人を殺《あや》めてしまう。これら妄語の火でなくして何でありましょうか。

　次に五戒の中の不飲酒戒《ふおんじゅかい》を破る事が地獄に堕ちる原因であることが説かれているところがあります。ますます地獄は近くなってくる思いがしきりです。おめおめとお酒も飲めないということですね。お酒がお好きなお方は酒を飲む位何が悪いのかとお思いになるでしょう。しかし大毘婆娑論《だいびばしゃろん》にこんな話が出てまいります。それはある男がお酒を飲んでいました。そこへ隣家の鶏が入ってきました。男は酒の勢いも手伝ってこれは得たりとばかり、鶏をしめ殺して酒の肴《さかな》に食べてしまった。そこへ隣家の奥さんが鶏を捜したずねて庭に入ってきました。酔い痴れた男はその奥さんを野獣の如くに犯してしまいました。そのために訴えられて男は役所で厳しい訊問を受けます。しかし男は嘘でしらを切り通してしまいました。そのためにこの男は飲酒がもとで殺生《ころす》、偸盗《ぬすむ》、邪婬《おかす》、妄語《うそをつく》、飲酒《さけをのむ》という五戒のすべてを犯してしまったのです。これでは地獄に堕ちる以外に術はありません。このように私どもはこの男ほどではないまでも、一つ間違えばこれに近い罪を犯しかねない、つまり日々の生活の中で地獄へ堕ち込む原因をつくりだしていることを弁《わきま》えねばなりません。

お釈迦さまは不飲酒《ふおんじゅ》について三十五ヵ条にわたるお酒の弊害をお説きになっておられます。そして「だから小さな草の葉の先に宿る露ほども飲んではいけない」とおっしゃっておられます。こんなことを申しますと、するとお釈迦さまはお酒の弊害をばかりで御利益あるところを御存知なかったとばかりに「酒は一盞《いっさん》にして宿怨《しゅくえん》を解き、重盞《ちょうさん》にして疑惑と陰惨の気を払い去るという効能《はたらき》を持つ。酒は憂いの玉箒《たまはたき》といい一斗詩百篇と礼讃《れいさん》せらる節もあるではないか」と世のご主人さま方からの反論が返ってきそうな気配を感じます。私もこの点少々辛い思いにかられます。

そこへゆくと孔子さまはお酒を飲んではいけないとはおっしゃいません。「惟《た》だ酒に量無し、乱に及ばず」これが孔子さまのお言葉です。お酒の量は人さまざまによって異なるものであるから、量を定めることはできない。但し乱れるまでは飲んではならないとの教えです。そしてまた「酒の困《みだ》れを為さず」と戒めておられます。これが孔子さまの飲酒に対する態度です。ところがさすがはお釈迦さまです。ご安心下さい。先に述べましたように「お酒は塞《ふさ》いだ人の心を明るくし、冷えた体を温める。故に病あらば飲むを許す」とおっしゃって下さっているのです。そうです、節酒適量です。物事はすべて調和調節が必要です。

どうもお酒のことになると「不飲酒戒」が気になりまして、他のところでも一度述べているのですが、今一度念を押しておかねば不安で繰り返しました。この未練がましさが罪のもと、地獄堕ちは定まれりでございます。と簡単に申しますが、私の場合は沙門地獄に堕ちるのです。この地獄は他の地獄にもまして恐怖のかなたです。人さまに無闇に恐怖を説いたり、出家にあるまじき行為をした僧侶はさらに恐ろしいこの地獄に堕ちるのです。

私の法話の中で人気第一位はどうも地獄の話のようです。地獄の思想は人々の精神形成のなかで大きく倫理観の支えをなしてきました。また道徳観を育ててきました。やはり人々の気持のなかにこうしたところの意義を求められるところがあって地獄の話をお聞き下さるのだと思います。地獄の話を聞いてくれた子供から、却ってそんな嘘をつけば、坊さんも地獄へ堕ちねばならないよ、とたしなめられたことがあります。やはり子供たちにも、地獄の話は聞いておいてもらわねばなりません。

人はその行為によって清らかとなり不浄となる

とにかく私達日本人は御先祖さま以来地獄の思想で倫理観が支えられ、極楽の教えであたたかい思いやりの心、そして宗教的情緒が涵養《かんよう》されてまいりました。しかし地獄の苦しみは述べてきましたように想像を絶した表現です。しかしそこには私ども凡夫が来世にその苦しみを受ける事がないようにとの願望がこめられているのです。地獄も仏の慈悲のうちなのです。今は少し苦しくても七十年か八十年の人生です。

もしひとたび地獄に堕ちんか、その苦しみは軽くて期間の短い所でも千二百五十万年、その苦しみを受けねばなりません。かわいい子供や孫や曾孫、その曾孫の子供や孫の世の中に、永遠につながってゆく長い来世が少しでもあたたかい世であることをねがっての地獄の教えであります。そのために説かれている地獄の恐怖です。ですから仏教の地獄は神の思し召しにそむかんか、一度《ひとたび》堕《お》つれば未来永劫に地獄の責苦《せめく》にさいなまれるというが如き残酷なものではなく、おのが罪業の報いを果せば次の境界《きょうがい》に輪廻《りんね》して生まれかわることができるのです。また地獄のお裁きの場にお地蔵さまが見守って下さっています。裁判官が間違った裁判をすれば、裁判した者自身がお裁きを受けねばなりません。閻魔さんの裁きを仏さまが監視して下さっています。また地獄で仏様のお説法が聴聞できると説くお経もあるのです。決して地獄へ堕とさんがための地獄の教えではありません。いうなれば私どもが来世を地獄にしないためのお導きで説かれているみ教えであります。

それでは次に移って餓鬼道の世界についてのお話をいたします。地獄の苦しみに比べると軽いですが、それでも並大抵ではないようです。いちおう参考までにやはり『往生要集』によって紹介をいたします。まず食吐《じきと》餓鬼道についてですが、この餓鬼道には生前男女共自分だけがよい物を食べて夫、妻、子供など他の家族に食べさせなかった者が堕ちてゆきます。自分だけがご馳走をむさぼるご主人さま、のみならず台所で自分だけがおいしい物を先につまみ食いをしてはばからない奥さま方の行く先もこの餓鬼道です。どうかお気をつけになって下さい。

餓鬼道に堕ちる原因は極めて身近であります。その他、人がいい事をするとそれをねたんだりそねんだり、そうした嫉妬心も、貪《むさぼ》りの行為と共に、餓鬼道への大きな原因となります。また私ども僧侶が堕ちねばならない沙門地獄もあれば、また僧侶が自分の利益や名誉を得る目的で人々に説法をしたり、間違った邪法を説けば、その報いは食法《じきほう》餓鬼道で受けねばならないのです。ですからお説教もなまやさしい気持ではできません。私どもも思えば戦々《せんせん》兢々《きょうきょう》、小心翼々たらざるを得ないのです。私どもが「あのガキめっ！」と思った時は餓鬼道へ、「コンチク生！」と思った時は畜生道へ堕ちる種をまいていることになるのです。

結局、日常生活における私どものあらゆる行為（業）即ち身体で行う行為（身業）、言葉でする行為（語業）、心であれこれ思いめぐらす意識行為（意業）が六道の行く先を決めるのです。日々の生活の中での慎み深さ、その為に懺悔と反省こそがねがわれるのです。どうか思いあがって、俺は地獄や餓鬼道などと関係はないのだ、神や仏に謝まらねばならんような悪いことはしていないなどとうそぶくことなど、これが地獄や餓鬼道へ堕ちる所業であります。「人はその生まれによって尊いのではありません。人はその生まれによって卑しいのでもありません。人それぞれその行為（行為・行いを仏教では業と申します。身体での行い、言葉での行い、心での行いをひっくるめて業です）によって、その人は清らかな尊い人であり、また清らかならざる卑しい人である」と、これがお釈迦さまのみ教えであります。

来世をあたたかい極楽にするために

現在世は現在世だけで存在し得ているのではありません。遠い過去世から現在世、現在世から未来世へとつながっていくのです。お釈迦さまも現世における今生六年の御修行だけで仏陀となられたのではないと、往来娑婆八千返《おうらいしゃばはっせんべん》という事が説かれています。お釈迦さまは何度も繰り返し繰り返し生まれかわりされながら人間としてだけでなく鳥や獣の姿にもなり、娑婆（現世）への往来を繰り返し繰り返してのご修行のお励みを重ねられました。こうしたお釈迦さまの過去世における御修行のさまざまが説かれている本生譚《ジャータカ》（もとの生《しょう》の譚《ものがた》り）と呼ばれるお経があります。数々のお釈迦さまの前生の慈悲の行為が説かれています。

ここにはイソップ物語に類似するようなお話がたくさん出てきます。子供さんたちの優しい情操の養いのためにもなります。わかりやすいご本が仏教童話として出版されています。花岡大学、高橋良和、津田直子などこのほか諸先生が仏教童話作家として仏さまのお慈悲をこのジャータカからわかりやすくお説き下さっています。倉田百三の「布施《ふせ》太子の入山」や、法隆寺の玉蟲厨子に画かれている捨身飼虎《しゃしんしこ》も、いろは歌の施身聞偈《せしんもんげ》の物語もみなジャータカに出てくるお話です。このジャータカの中の一つの物語を次に。

「ヒマラヤ山の中腹に、大きな太い竹のいっぱいに生い茂った森がありました。そこには多くの獣や鳥が住んでいました。ある風の激しい日でした。風のために擦れ合った竹の摩擦が原因で山火事がおこりました。火はみるみるひろがります。そこに住んでいた鳥や獣達は慌《あわ》てふためいて逃げまどうばかりでした。この時一羽の鸚鵡《おうむ》が飛び立って麓にある池に向かって飛んでゆきました。そしてその池の水の中に体を沈め、体全体を水に濡らしてもとの道を山の中腹まで飛び帰り、燃えている山の火に羽を振って雫《しずく》をたらしました。そしてまた山の麓の池に向かってと、それを何十回、何百回と繰り返し体で水を運び続け、羽で雫をたらし続けました。

そのうちに息は切れ切れ、目は血走って疲れ果ててきました。けれども決してその繰り返しをやめようとはしませんでした。この様子をじっと見ておられた仏さまが鸚鵡にやさしく『お前さんの体で運んできたくらいの水で、この山火事の火を消せると思うのかね』とお尋ねになりました。鸚鵡は『消えるか消えないかは私にはわかりません。けれどもこれをしなければこの森に住む仲間達はみな焼け死んでしまいます。見殺しにはできません。またこれが私達助けたいのです。私が仲間にしてあげられることはこれしかありません。愚かなことかもしれません。を仲間と一緒に長い間住まわせてくれた森への精一杯の恩返しです。愚かなことかもしれませんが、どうかこれを続けさせて下さい』と仏さまの前をまた飛び立って、麓の池に向って飛んで行きました。その姿をごらんになって仏さまは深く深く、大きくうなずかれました。

そして不思議な力をあらわして下さいました。やがて天の一角に出てきた黒い雲がみるみる空一面にひろがりました。その雲から雨が降り出しました。沛然《はいぜん》たる大雨となりました。さしも盛んをきわめた山火事の火が消えました」というお話なのです。この鸚鵡がいつかのお釈迦さまの前生のお姿でありました。

このお話にこれ以上とやかくさしでがましい解釈はさしひかえます。どうか皆さまお一人お一人で味わって下さい。

私達のかわいい子供や孫や曾孫、その曾孫の子供や孫や曾孫、これが明らかにして確実なる私達の来世です。その来世をあたたかい極楽に住まわせてあげるのか、冷たく恐ろしい地獄の世の中に陥れるのか、それは現在生きている私達の身・語・意の行為である業《ごう》が決めるのです。時の流れは命の流れです。この世のみでこの世があるのではないのです。どうかよくお考えになって下さるようにおねがい致します。

此の世のみ　世とな思いそ　後の世も　其の後の世も　此の世なりけり

十　親の姿が子供の心を育てる

学ぶとは真似《まね》ることにはじまる

これまで章を重ねて書き続けてまいりましたところと重複する箇所を避け難いのでありますが、要するにということにしてここに結びの一章をつけ加えさせていただきます。

この最後の章では親の姿こそが子供の心を生み育てるものであるということをご一緒に繰り返して考えたいと思います。子供は親の言うことを聞くのではない、親のする事を見よう見まねで真似て学ぶのです。このまねをするがまねぶになり、まねぶが学ぶ、つまり学《まね》ぶということは子供が親の姿をまねぶ所から始まるということです。「子を愛しては、之《こ》れに教うるに義方《ぎほう》を以てす」、これは宋の時代に朱子の撰《せん》とされる『小学』という書物に出ている言葉ですが、義方つまり人間の道を子供にしっかりと教えなければならない。

これが子供への愛情であるとございます。また「子を養うて教えざるは父のあやまりなり」という司馬温公の言葉があります。給料袋を持って帰ってくるだけが父親としての役目ではない。父親として教えねばならぬ所をその姿でもって導くことの大事さを説いているのです。勿論これはお母さん方についても同じことがいえますが、お母さんについてはあらためて申し上げます。また世の中の大人《おとな》たちの姿が子供たちの環境をつくり出します。

親孝行についていえば親がさらに年を召された親に対する親孝行の姿で、子供が親孝行する心を学んでくれるのです。親自身が親不孝をし、親を追い出し、親を孤独地獄に陥れている姿は、そのまま自分自身が老後後生に子供から追い出される追い出され方を、即ち孤独地獄への追いやられ方を自分の姿で子供に教えているに他なりません。親孝行は理屈で教えるものではありません。昔から親孝行と火の用心は灰になるまえにと申します。親孝行している親の姿がおのずと子供の心にそれを説き聞かせているのです。それを理論や文字で教えるのは学校教育であり社会教育であります。

わが国では大宝元年（西紀七〇一年）以来、中国の孔子さまの説かれた『孝経』を、大学教育を受ける者の必修科目とされ、また孝謙天皇は天平宝字元年（西紀七五七年）、各家庭に必ず『孝経』を置いて国民必読の書とさだめられました。この伝統は明治にまで、さらにその後も長く日本人の生活伝統として受けつがれてきたのでありましたが、残念なことにあたたかい日本民族の慈悲とも言うべき家族制度が、戦後の法律によって放棄され、教育の場からも追放されていると申しても過言ではないありさまに教育が改変されてしまったのです。この『孝経』の最初に、「夫《そ》れ孝は徳の本なり、教えのよって生ずるところなり」とあります。これは親孝行は道徳の根本であり、万行の基本であり、そして人情のおのずからなるあたたかい心の養いがあってはじめて、教育もその豊かな値打を発揮するものであるとの言葉です。まこと親孝行は人間文化の始まりです。このうるわしい親子の情愛が気持の中にあたためられてこそ教育は教育としての意義を私どもの生活に、そして世の中に生かすことができるのです。

ある人が、私の村には父親が羊をぬすんだと役所に訴え出るほどの正直な若者がいると自慢げに語りました。それを聞かれた孔子さまが「私の村にはそんな正直者はいませんね。私の村の人々は父親は子の為に隠し、子は父の為に隠すというように極めて親子の情愛のぬくもりがあたたかいのです。これが私の村の人々です」とおっしゃったというお話が『論語』にでています。このような親と子のあたたかい人情のぬくもりがないままに、高等学校だ大学だとどんなに知識をつけても、それは知識をつければつける程に知識魔をつくっている事にしかなりません。その知識魔に悩まされねばならぬ親御さんがどんどんふえつつあるのが現代の状態です。

まつりごとをする親の姿

家庭生活の中に神棚がありお仏壇があり、神様、仏さま、御先祖さまがおまつりされているまつりごとの場があって、まつりごとをするお年寄がおられる家庭で育った子供と、神棚、仏壇といったまつりごとの場がなく、まつりごとをされるお年寄のお姿を見ることのできない家庭でしか育っていない子供とでは、情操の養われは根本的に違います。ですから特に核家族の家庭ではどうか家庭生活の中に神棚、仏壇など、まつりごとの場をいただいてもらいたいのです。

そしてまつりごとをする親の姿をどうか子供さんの心の中に残してあげてほしいのです。日本人は遠い先祖を神さま、身近な先祖を仏さまとして拝んでまいりました。同時に神さま、仏さま、ご先祖さまのまつりごとの場を家庭生活の中にいただいてきました。従って分家をする時には必ず仏壇と神棚を持って分家するのです。家を建ててもらい財産を分けてもらうだけが分家ではないのです。先祖の心、家の歴史を分かち与える、これが分家なのです。このまつりごとをする親の姿で子供や孫の心の底を深くあたため、ぬくめる宗教的情操の涵養を家庭生活の中で怠ってはなりません。私達は今生きている家族だけで家庭生活ができているように思いがちになってしまっています。しかし決してそうではありません。

私達はみんな両親から生まれてきました。両親もまたその両親から生まれてこられました。二十五代（七百年から八百年）遡《さかのぼ》りますと、私達のご先祖の数は素直に計算していただくと三千三百五十五万四千四百三十二人にひろがります。三々五々と覚えていただけばいいと思います。そして四四三二人です。ですから自分の命は自分だけの命だと思うのは現代人のとんでもない思い上がりであります。とにかく私達の命の中にはこんなに数多くのご先祖さまのお命が生きて流れて働いて下さっているのです。これが現在私達が生きているということです。生きているということは御先祖さまが生きて下さっているということなのです。私どもは決して自分だけで生きているのではない、生きさせていただいているのです。

こういった話を熊本工業大学でしたことがありました。すると学長さんがその数に興味をお持ちになったようで、コンピューターで五十一代遡って計算して下さいました。すると何と二千二百五十一兆七千九百九十八億一千三百六十八万五千二百四十六人の数になったのです。それにしても五十一代になると二千二百五十一兆そして七九九八億そのあとに一三六八万そして五二四六人となかなか覚えられません。学長さんはさらに五十二代目の数を打ち出そうとされたそうですが「私どもの学校程度のコンピューターではもうその数をはじき出してはくれませんでした」とのことでした。勿論コンピューターでなくとも他に計算の方法はあるでしょうが、何れにせよ大変なご先祖さんのお命が私達一人ひとりの命の中に生きて流れて働いて下さっているのだということを胸の中に留めておいていただきたいと思います。ところがですね、さらにこのお話を例月の法話の席上お聞き下さいました御婦人が六十代さかのぼって五七京《けい》六四六〇兆七五二三億三四二万三四八八人と機械を用いずに計算してきて下さいました。そしてその数字を翌月の法話の席にお届け下さいました。しかもこれの数は私ども自身を要《かなめ》にして扇状にひらいたひろがりの数字です。御先祖さまの数はさらにおよそこの倍にはなるはずです。

今生きている家族だけで家庭生活が成り立っているとしか思えぬ現代人のこの思い上がりの原因は、戦後教育の自我と知識に由るものです。西洋の近代の歴史は自我の発見の歴史だといわれます。戦後その影響をもろにかぶって生まれたのが自我と知識の教育です。いうなれば親子のあたたかい情愛のはぐくみ、神さま仏さま、御先祖さまへの尊敬、感謝、親しみ、つまり目に見えないものへのあたたかい愛情の養いという情操の涵養が教育の場から失われました。従って今日の学校教育には自我と知識のおねがいは出来ても無我と智慧の養いを望むことなど到底おぼつかないことです。無我と智慧、これは家庭で親の姿で子供の心をはぐくんでいただくよりほかに道はありません。

自我を溶かしてくれるのは無我です。知識を磨いてくれるのが智慧です。この自我と無我、知識と智慧の按配《あんばい》よろしき調和、これが大事なことなのです。それが今では学校から貰って帰ってきた子供の自我と知識が、やはり戦後の教育で育ってこられた親御さんたちの自我と知識、この親の知識と子供の知識、親の自我と子供の自我が正面から衝突し対立して、これが家庭内における大きな問題のもとになり、それがさらに社会へと問題が拡がってまいりました。夫婦の関係においてもまたそうであります。

無我と智慧から「有難い」、「おかげさま」、「勿体ない」など喜んで感謝する心が養われてきます。自我と知識から出てくるのは不平と不満と権利の主張です。「もつ人の心によりて宝ともあだともなるは知識なりけり」です。学校からいただいてくる知識が人生の宝となるのか、逆にあだとなり毒ともなりかねない。これはやはり家庭生活の中に、有難い、おかげ、勿体ないと喜んで感謝する、そうしたあたたかい心の養われがあるかどうかによってきまってくるのではないでしょうか、お釈迦さまはここを踏んで「水を飲んで蛇はこれを毒にする、水を飲んで牛はこれを乳とする」とお説きになって下さっています。

学校教育でおねがいすることが覚束ない無我と智慧による情操教育は、家庭に於て親の姿でおねがいするよりほかに道はないのです。無意識の中にこそ真実の意識がおさまっています。この無意識のなか、潜在意識の底なる真実の意識は意識以前の子供の心のなかに親の姿で培われるものです。

相手を立て人を立てる無我

うけとり方の訓練、生かし方の訓練、これが宗教的訓練であり、宗教的心《こころ》です。たとえば千円のお金をもらっても、百円の十倍もいただいてと、これを喜んで感謝して受取っている親の姿を見て育った子供と、同じ千円をもらっても、「何だ、一万円の十分の一か、今どき千円なんて子供の小遣いにもならない」と不平不満で受取っている親の姿を見て育った子供とでは、これは情操の養われ方に大変な違いがあります。おなじ千円でもよろこんで感謝して受取ってもらった千円と不平、不満で受けとられた千円とではおなじ千円でも値打ちがちがいます。私ども親たちは今、一体どちらの姿を親の姿として子供の心の影により多く浮かべていることでありましょうか。喜んで感謝する心が養われていない人は、どんなに豊かなものに恵まれても、一生経回《へめぐ》りまわって真の幸せにめぐり合うことは出来ません。

後ろ姿で子供を導く、これが親の値打ちであります。けれどもそういう値打ちの足りないのが今日お互い私ども親であります。その足りざる所を補って下さるのが神さま、仏さま、ご先祖さまです。日本民族の尊い智慧ともいうべきは「まつりごと」です。まつりごとをする親の姿で子供の心にあたたかい無我と智慧を養う基礎があるのだということをしっかりと心にうけとめていただきたいと思います。核家族の家庭にこそまつりごとの場をいただいて、まつりごとをする親の姿の大切さをおねがい致します。

このまつりごとの一番の基本は、在《いま》すが如くに朝晩のお給仕をする事です。お仏壇へのお給仕をお仏飯《ぶっぱん》と申します。お給仕をして「おはようございます」「行ってきます」「ただいま」「おやすみなさい」と挨拶をする、こうした親の姿にいつとはなしに養われた子供の心の中から、おじいさんおばあさん、お父さんお母さんに対する「おはようございます、行ってきます、ただいま、おやすみなさい」と挨拶の言葉が生まれてくるのです。朝、晩の挨拶をせよと教えても子供は親の言うことを聞くものではありません。親の姿に真似《まね》んでくれるのです。こんなお話をすると、親子が挨拶するなど他人行儀で水臭いことではないかとおっしゃる人がおられます。

しかし敬い合う心、思いやりの心がなければ世の中は明るくも楽しくも豊かにもなりません。この敬い合う心、思いやりの心が、自ずと姿、かたちにあらわれたものが礼儀であり礼節です。この礼儀・礼節からさらにうるわしい思いやりの心、敬い合いの心が育てられてきます。聞くところ礼は本来人情に基づいて作られたものでありますが、人情だけにこれをまかせておくと、別の弊害が出てきますので、これに適度な節度を加えたのが礼儀であり礼節であります。それはあたかも堤防が水の氾濫を防ぐような役目をするものであるとのことです。この礼儀・礼節の最も基本的な養われの場が朝晩の親子の挨拶です。

ですから挨拶の挨という字も拶の字も、これは人の心と心がひびき合う、心と心が通じ合う、という意味の字です。それが挨拶という熟語になると、心と心の扉が開き合い、心と心の窓が開き合うて人の心と人の心があたたかく流れ合い通い合う、これが挨拶です。この挨拶のある家庭、職場、社会と、挨拶のない家庭、職場、社会のどちらに私どもの可愛い子供や孫や曾孫を住まわせてあげるのがねがわしいことでありましょうか。朝晩の親子の挨拶は決して他人行儀でもなければ水臭いものでもありません。あたたかい世づくりの基をなすものであり、社会を構成する家庭という単位が、社会に果さねばならない大切なお役目であります。この大事さをよくよく弁《わきま》えてほしいと思います。

次に少し角度をかえて無我と、自我の違いを眺めてみましょう。これは随分昔に金子大栄（東本願寺の学僧・大谷大学教授）という先生から、自我の思想が根にある西洋の薬と、無我にたつ東洋の薬（漢方薬）とではお薬の処方が違うと聞いたことがあります。それは西洋薬の場合は主薬ばかりを調合して作られているというのです。主薬はそれぞれが効きめを主張するお薬です。ところが漢方薬の場合は何種類かの主薬の中に必ず主薬の働きを助ける補薬が配合されるのです。補薬はそれ自体効きめを主張はしないけれども、主薬の中に混ぜられることによって主薬と主薬の間を按配よく働かせ合う役割を果すのです。それが補薬の効果だということです。潤滑油によって機械はなめらかに廻って働いてくれます。この油がきれると機械は摩擦熱を生じて故障してしまいます。主薬と補薬の働きがこれに似ています。

私は、うどんや風邪《かぜ》一夜薬という風邪薬をよく用います。大阪のうどんや風一夜薬本舗で造られている風邪薬です。昔は末広勝風堂といって、大阪・島の内のお薬屋さんでありました。今は同じ大阪でも東住吉と場所が変っています。しかし漢方薬の伝統を守っている老舗《しにせ》です。この古風でいかにも庶民生活の匂い漂う、うどんや風一夜薬という名に私は親しみを覚えます。遠州流のお家元小堀宗慶宗匠と旅の途中でしたが、私がこの薬を服用しているのをごらんになって「これはそばやの風邪薬ですね」とおっしゃられました。そうなのです。以前は関西ではうどんやさんに、東京ではそばやさんに置かれて、一般庶民の愛用薬として親しまれていたのです。壷井栄さんの『二十四の瞳』にもこの薬の名が出てきますが、よほど庶民に馴染《なじ》まれた薬であったようです。最近このお店の御主人にお出会いして、いろいろ漢方薬のお話をお聞きする機を得ました。その時に、以前に聞いたこの主薬と補薬のことをおたずねをして、詳しく教えていただき、確認することができました。

この補薬の働きが、いうなれば無我の働きに通じる。つまり相手を立て人さまをお立てするのが無我です。自分の権利を中心にしてすべての物事を判断するのは自我です。家庭生活の中でも、家族の関係をなめらかにしていただくために、是非こうした補薬の働きをお母さま方にしていただきたいとおねがいをしたいのです。お父さんと子供の間に立って、豊かな愛情の翻訳者となっていただく、これが母親の、補薬としての大切な役割ではないかと思うのです。

死は最大の遺産

さて先に無我と智慧の養いを「まつりごと」をする親の姿でとおねがいをしてきましたが、その重要なまつりごとの場の中心となるお仏壇をお祀りして、家庭生活の中で人々の宗教情操の養いをねがわれたのは、第四十代天武《てんむ》天皇です。歴史的な説明をからめての話になりますがお聞きになって下さい。私どもの薬師寺の建立《こんりゅう》を発願《ほつがん》されたのがこの天武矢皇なのです。昭和六十一年はこの天皇さまの千三百年忌の年にあたります。薬師寺建立を発願されたのは天武九年（西紀六八〇年）十一月十二日でした。

この天武天皇は政治的には律令制《りつりょうせい》を確立され、文化的にも宗教的にも日本の国の今日の形成の礎《いしずえ》を築かれた天皇であられました。朱鳥元年（西紀六八六年）九月九日、五十六歳でおかくれになりました。皇后が亡き夫への強烈なる思慕を抱きつつ、そのご遺志を継いで、夫の残されたお仕事を一つずつ解決してゆかれました。第四十一代持統天皇です。この持統天皇の最後の眼目であられた薬師寺を完成されたのが持統十一年七月二十九日です。もうこれで夫、天武の残された仕事をなし終えたと、翌々八月一日にお孫さんの文武《もんむ》天皇に譲位されました。『日本書紀』はこの薬師寺の開眼《かいげん》法要の記事を以て終るのです。薬師寺は天武天皇と持統天皇の御夫婦愛の結晶とも言うべき寺であります。この持統天皇のお歌で親しまれているのが、『万葉集』や百人一首に出てくる「春すぎて夏きたるらし白妙の衣ほしたり天の香久山」の一首です。

天武・持統天皇の御代を中心としてよばれるのが歴史上有名な白鳳時代です。日本が大陸文化を積極的に取り入れ、それをみごとに咀嚼《そしゃく》して、七世紀から八世紀への極めて上り坂の意気盛んに燃えた時代です。英国人サンソム氏にその著『日本文化史』の中で「私たちを魅了してやまない白鳳期の美術は日本人の文化の勝利の記録である」と言わしめた世界に冠たる白鳳文化を築き上げた時代であります。この白鳳期の美術を代表するのが、薬師寺の薬師三尊であり、憧れの理想の青年像といわれる東院堂の本尊聖観音であり、東西並び立つ塔であります。この白鳳時代の偉大な指導者が天武、持統両天皇でありました。

持統天皇は大宝二年（西紀七〇二年）十二月二十二日におかくれになりました。その御遺骸は荼毘《だび》に付されて御主人の天武天皇の御陵に合葬されました。お強い意志をこめてのご遺言が偲ばれます。まさしく偕老同穴《かいろうどうけつ》です。また荼毘に付すとは火葬の事ですが、天皇さまで火葬された最初のお方が持統さまです。この持統さまより二年前に亡くなられた道昭法師《どうしょうほっし》というお方が日本での火葬の始まりとされています。この道昭法師は在唐八年、有名な玄奘三蔵について仏法を学ばれ、わが国に法相宗の教学であります唯識《ゆいしき》の教えを最初にお伝えになった学僧です。道昭法師は持統天皇の帰依《きえ》をおうけになった名僧で、天皇が発願《ほつがん》された薬師寺講堂の阿弥陀繍像開眼法要の導師をおつとめになられました。持統さまは夫・天武と共に仏教に深く帰依されたお方でありましたが、その傾倒の深さが火葬をねがわれたお気持にも拝することができます。

飛鳥地方も少し奥まった檜隈《ひのくま》に天武・持統合葬陵があります。飛鳥《あすか》檜隈大内陵《ひのくまのおおうちのみささぎ》と申し上げます。お二人の天皇が一つの陵《みささぎ》に合葬されている希有《けう》な御陵です。毎年九月九日、天武天皇のご命日には私ども薬師寺の僧が一山挙げてこの陵にお参りし、一ヵ月後の十月九日夜七時から金堂で天武天皇忌を営ませていただいています。

天武天皇がいかに神仏に心を傾けておられたかは二十年毎に行われる伊勢神宮《いせのかみのみや》の遷宮《せんぐう》

制度を定められたこと、また大来皇女を神宮に遣侍り給うて斎宮制度を復興されたことでもわかります。日本武尊《やまとたけるのみこと》のゆかりなどで有名な草薙剣《くさなぎのつるぎ》を尾張国の熱田神宮におまつりされたのも天武天皇なれば、風水の害のないようにと風の神である龍田の神をおまつりになり、山や谷の水で田圃が潤い、五穀がよくみのりますようにと広瀬の神を祭祀された事など、神仏に関する記事は『日本書紀』の天武・持統紀にはしきりです。この中でも殊に私どもに身近なことは天武十四年（西紀六八五年）三月二十七日に、「諸国《くにぐに》に、家毎《いえごと》に、仏舎《ほとけのおおとの》を作りて乃《すなわ》ち仏像《ほとけのみかた》及び経を置きて、礼拝供養《らいはいくよう》せよ」の詔《みことのり》を出されたことです。これが各家庭にお仏壇をおまつりしてご先祖の供養をする始まりになってまいります。三月二十七日が「お仏壇の日」となっているのはこの詔によってであります。天武さまが家庭生活の中に御先祖をおまつりして、宗教的情操の涵養をねがわれたこの精神は、持統さまも熱心にうけつがれました。

こうして天武・持統の頃から、先に申し述べましたが日本人は遠い先祖を神さまとしておまつり申し上げ、身近なご先祖を仏さまとして拝み、それぞれの家庭生活の中に神さま、仏さま、ご先祖さまと、まつりごとの場をいただいて、まつりごとをする親の姿で、国民の宗教的情操のぬくもりが子供や孫の心をあたため育ててきました。さらに天武天皇は「牛、馬、犬、猨《さる》、鶏の宍《しし》を食うこと莫《まな》、若し犯すことあらば罪せむ」と仰せになって肉食を禁じられました。爾来日本人の食生活が明治になる迄この影響を受けてきました。私たち日本人の精神的体質のみならず肉体的体質に於てもそのかかわり合いの深きこと、天武天皇を抜きにしては語ることはできません。日本人の優しい平和な心はこの食べ物と深く関係しているはずです。

この夫・天武への熱烈なまでの思いを傾けて、その精神の継承にこれつとめられて全生涯を終えられたのが、妻・持統さまであられました。夫婦であれ親子であれ、真実の対話は死に別れた日から始まります。天武、持統のご夫婦の場合には御夫婦が共に苦衷のひところを過ごされた吉野へ、夫亡きのち十五年の間に実に三十一度思慕の旅を重ねておられます。これは単なる感傷の思慕にひたるということではなく、天武政治の継承者としてその初心を追い求める旅であったことが拝察されます。

また、大海人皇子《おおしあまのみこ》が天武天皇になられるためにかいくぐらねばならなかったのが、かの有名な壬申《じんしん》の乱《らん》でありました。持統さまは大宝二年（西紀七〇二年）十二月二十二日にお亡くなりになる直前に、そのゆかりの五ヵ国を巡訪されています。十月十日に始まって、三河、尾張、美濃、伊賀、伊勢と実に四十五日間の長途でありました。十一月二十五日に藤原宮にお帰りになり十二月十三目の発病でありました。壬申の乱への想いにかられての旅ではありましたが、やはり自分の手で夫の政治のしめくくりをつけておかねばとの思いが強く働いての旅でありました。

さらに言うなれば、伊勢の遷宮制度を定められたのは天武さまでしたが、第一回目の遷宮を実施されたのは持統天皇でありました。この、夫への真実の対話に生き抜き、その死を最大の遺産としておのが人生と政治姿勢にしっかりと根強く受けとめて、またご自分の人生を確立してゆかれた妻としての女帝のお姿に深く心を打たれます。百歳の後に其の居に帰すという言葉がありますが、未来永劫に住居を共にして、夫婦の道を全うされているそのお姿が、合葬陵にぬかずくたびに偲ばれるのです。

終りに今一度繰り返すことになりますが、夫が妻に、妻が夫に、そして親が子に、子が親にと、親しき者同士がお互いに残し合う最大の遺産は何でありましょうか。金銀、財宝、書画、骨董、動産、不動産、それに事業など、それはいろいろありましょう。けれども昔から「泣く泣くもよい方をとる形見分け」とか、いやな言葉ですが「兄弟は他人の始まり」とか申します。ところが最近はこれらあるために、親子でさえが仇同士に陥らされる世の中です。親子を仇同士に陥らせるものを、如何に価値あるものと言えど最大の遺産とは申せませぬ。むしろそれは魔物です。

それでは何が最大の遺産なのか。あえて申しあげますならば、厳粛な死それ自体こそが最大の遺産です。その死を如何に受けとめ、その死をどのように受けとらせていただくのか、そのお命を生かさせていただくことがあとに残ったものの、先にお亡くなりになったお命への最も大切なつとめであります。夫婦においてもそうでありますが、親子においてもなおさらにそうであります。特に親たるものは、永遠に生き続ける親子の対話の場を、親の姿で子供の心の中に残してあげていただくことをねがいます。その親の姿は決して肉体の姿をのみ申すのではありません。精神的な姿勢を親のねがいを含めて私は親の後姿と申すのであります。終始いく度となく申しのべてまいりましたこの親の後姿で子供の心の養いとお導きを、お互い親としてねがい合いたいものでございます。

子供の心は親のすがたいろに染まります。

合掌

西イリアン地区英霊悔過《けか》結願表白《けちがんひょうびゃく》

謹《つつし》み敬《うやま》って一切三宝《いっさいさんぼう》、諸神万霊の境界《きょうがい》に曰《もうしてもうさ》く、方《まさ》に今、バリ島南の海浜《かいひん》、デンパサール此の地にして地蔵菩薩の宝前《ほうぜん》を調御《ちょうぎょ》、有縁《うえん》の善男子《ぜんなんし》、善女子《ぜんにょし》ら恭敬至心《くぎょうししん》の法筵《ほうえん》を敷く。その志趣如何《ししゅいかん》となれば夫《そ》れ、ニューギニア島西《にし》イリアン地区大東亜戦争戦没犠牲者約八万柱を殊願《しゅがん》となし、インドネシア国全域垂《なんな》ん約十七万御霊《みたま》に対越《たいおつ》して俯仰慎々《ふぎょうしんしん》、英霊悔過《けか》行《ぎょう》、結願《けちがん》の砌《みぎり》なり。伏して惟《おも》んみる。今年同行《どうぎょう》衆三十四名、七月二十三日早朝、成田空港に旅力を誓い穹蒼《きゅうそう》の道程安穏を願いて鹿島立《かしまだ》つ。

先ずはデンパサールに寝舎を得てビアクに向う。飛機《ひき》経由して寄港するウジュンパンダンは五千五百柱が鎮《しず》み給うセレベス島の街、読誦心経《どくじゅしんぎょう》、地蔵の和讃《わさん》に救済《ぐさい》を乞《こ》うれば、慰霊の精《しょう》おのずとして漸染《ぜんせん》を催《もよお》す。一路発すればビアクに着す。旅嚢《りょのう》解く遑《いとま》惜しみポスネックの海岸に法筵《ほうえん》を布《の》ぶ、一万二千柱の霊暉震騒《れいきしんそう》。諸兵雄気堂々斗牛《とぎゅう》を貫くの気概あると雖《いえど》も心木石《ぼくせき》にあらず、豈《あに》感なからんや。父母すら且《か》つ顧《かえり》みず、妻《つま》病床に臥し児《こ》は飢《うえ》に泣くを言わんや。一度征《ゆ》けば復《また》還らず生別《しょうべつ》の風蕭々《しょうしょう》。纏綿《てんめん》として夫を求め、父を願う和讃平和の詠唱恍然《こうぜん》たる三五の月、草樹深繁《そうじゅしんはん》の戦跡を照らして、声々断腸《せいせいだんちょう》たり。翌《よく》すればコリムの湾岸また然《しか》り。東西の洞窟はまさに鬼哭《きこく》啾々《しゅうしゅう》の呻き迫切《はくせつ》たり。孤魂流落《ここんりゅうらく》す此の城塞《じょうさい》、白骨に向《むか》いて征夫《せいふ》の心に懐《おも》いを偲びて凄々《せいせい》たり。「修羅《しゅら》傲慢闘争《ごうまんとうじょう》も畜生愚癡《ぐち》の残害も、飢《うえ》にのぞみて子を喰《くら》う餓鬼の思いぞ哀れなる。苦患《くげん》の程は如何ばかり、心も言葉も及ばれぬ地獄、焦熱《しょうねつ》、阿鼻叫喚《あびきょうかん》」地蔵和讃の節々句々《せつせつくく》に悲憤、胸気《きょうき》を慷衝《こうしょう》して止《や》まず。爆《ばく》して洞窟の天岩を摧陥《さいかん》して窟内《くつない》は熱炎嘴鳥《ねつえんしちょう》（火炎放射機）の業火《ごうか》燃《も》ゆ。佳兵《かへい》は不祥の器《き》なり。争いは逆徳の最たり。これ誰《た》が業縄《ごうじょう》の縛《ばく》する所ぞ。

ホーランディア（ジャヤブラ）はイリヤンジャヤ最東国境の都市、昭和十九年四月米軍上陸する処《ところ》、苛酷なる風土に食糧、弾薬悉皆《しっかい》果て尽して或は斃《たお》れ或は転進せる処、サルミ、ゲニム方向を含めて亡魂《もうこん》四万の柱、頭髪垂れくだりて纏《まと》り五体に遍《あま》ねく、蓬髪刃《ほうはつやいば》の如く、飢渇《きかつ》常に急にして身体枯竭《こかつ》臭壊《しゅうえ》たり。軍旅《ぐんりょ》の万兵饑弊《きへい》極《きわ》む。軍に輜重《しちょう》なければ則《すなわ》ち亡《ほろ》び糧食なければ必ず敗るは必定《ひつじょう》。古《いにし》えを去ること日已《すで》に遠しと雖も、故《ゆえ》なき罪状の裁《さば》きに刑せらるる父を思えば百偽《ぎ》ありて一真《しん》なきに、哭《こく》する遺児は既に還暦の人なり。センタニ湖畔慟泣《どうきゅう》するは「征《ゆ》きし日の面影偲びひれ伏しし南の島の砂の熱さよ」と詠める寡婦《ひと》なり。デバプレの海辺遙かにサルミの激戦、更にゲニム転進の惨劇を偲ぶれば万家《ばんけ》の廃井《はいせい》に新草生じ、樹々の繁茂に花色《いろ》を染めて古墳に対するの悲痛、この地を征《ゆ》きし一士官の告白を聞く「サルミ迄の転進路は消え失せ、道標となりたるは連続沿道に横たわる白骨なりき。また海岸に点在する現住民家屋に多数の白骨折重りてあり冷汗三斗《れいかんさんど》の思いせる」と。野蔓《やまん》に情あるか、戦骨にまとい残陽《ざんよう》何の意《こころ》ぞ空城を照らす。

サルミの上空、低航して機上より読経、遂に着したりマノクワリ、年来の念々《ねんねん》を重ねて此処《ここ》に来る。市街北部司令部跡、蹊径《けいけい》由る所なく足踏む能わざるも薙《な》ぎて原隰《げんしつ》に立つ。アンダイ河畔に台地あり。同行《どうぎょう》遺児が故父戦病遺骨埋葬の塚とおぼしき処、此処もまた榛《しん》棘《きょく》生い繁る。伐断《ばつだん》して起伏峻《けわ》しき草沢《そうたく》に祭壇地蔵の宝前《ほうぜん》、蟋蟀《しっしゅつ》（こおろぎ）岸を挟《はさ》んですだき、孤鳥飛びて翩翩《へんぺん》。喪《も》なくも感《いた》めば憂い必ず儲《あた》る。同行者一《どうぎょうしゃいつ》として、涕泣《ていきゅう》せざる人無し。近きを以《も》って遠きを待ち佚《いつ》を以って労を待ち、飽《ほう》を以って饑《き》を待つの軍略を失い戈《ほこ》を止《とど》むを武と為《な》すを忘れ、兵は国の大事、死生の地、存亡の道たるを察するの怠りに悲愁、数々《しばしば》涙の流《る》行《ぎょう》堪《こらう》るを得ず。仰いで天文を観《み》、稽首《けいしゅ》して地理を察し百里を驚かす震雨《しんう》も迫りきたること能《あた》わじ、至誠の幽明に通ぜしか、御遺骨我らが行く道に待ち給うあり。道傍《どうぼう》民家の庭に骸累々《むくろるいるい》。事を執《と》りて敬《つつし》み、事に臨《のぞ》んで懼《おそ》る、身を捐《す》てて国難に赴く軍人と雖も安《いずく》んぞ懐《おも》うべけんや。男児は是れ憐むべき虫なるや、白骨縦横乱麻《らんま》に似たり瘴癘《しょうれい》（マラリアなど風土病）の地、哭声哀《かな》し。

此等《これら》の人皆父母慈愛の子《し》、妻子が恋慕して還りきたるを待つ人たるを思えば諷誦《ふじゅ》を重ねて悔過《けか》の念、愈々励《いよいよはげ》む。残心尽くること無し。然《しか》れども霄飛《しょうひ》して到るソロンの丘、祭ること在《いま》すが如くモロタイ、ガム、ワイゲオ、ハルマヘラ諸島一万七千之霊に恭拝《きょうはい》を傾く。妻、夫を尋ぬれば遺児父を呼び、姉弟《あねいろ》に愛《かな》しむ、骨肉の情は数里、百里を隔てて恰《あたか》も面に対《むか》いて接するが如く語るが如し。慕懐《ぼかい》の念に思う。

今此処に再び来るデンパサール、東面伏坐《ふくざ》して海上に向う。小スンダ海域五万三千之霊、君見ずや青海碧空の頭《ほとり》、古来白骨を人の収むる無し。軸艫《じくろ》相銜《ふく》み、舷々相摩《げんげんあいま》して海に没して長く恨鬼《こんき》たる恨恚《こんい》、水を駆けて濤《なみ》となるところなり。然るを楽園を求むる遊惰《ゆうだ》、遊蕩《ゆうとう》の男女集《なんにょつど》いて、軽佻浮薄《けいちょうふはく》なるに瞠若《どうじゃく》して目を瞰《そむ》く（目を見はって驚きあきれる）、まさに瞑《めい》眩《げん》痛憤。遍身綺羅《へんしんきら》の者是れ蚕《さん》を養える人にあらざるに悲憤しきり。

庶幾《こいねが》う衣食みち足りて栄辱《えいじょく》を知らず、平和と繁栄に馴れし驕児《きょうじ》耽楽《たんらく》の顛倒夢想《てんどうむそう》の我らが無間《むげん》（地獄への所業）の罪根を憶念《おくねん》、憐愍《れんみん》以て同行《どうぎょう》面々の悲願を納受《のうじゅ》して国土安穏、世界調和の守護あらしめ給ん事を。

我が肩に乗りて帰らんともがらよ
父母まつ国は盂蘭盆《うらぼん》の月
妻まつ国は盂蘭盆の月
子らまつ国は盂蘭盆の月
兄弟姉妹《はらから》待つ国は盂蘭盆の月

我らが肩に宿《やど》り祖国故郷に同行《どうぎょう》ましまし罪業深重《ざいごうじんじゅう》、共業《ぐうごう》の業縁《ごうえん》に悔過《けか》の恭誠《くじょう》を捧げ必《ひつ》定《じょう》滅度《めつど》を願うれば、妙観《みょうかん》の鏡智《きょうち》を開いて長遠《じょうおん》の執《しつ》を遮《しゃ》して覚路《かくろ》の成就《じょうじゅ》あらしめ給え。

合掌

昭和五十八年八月二日

好胤

敬白

本書は昭和六十一年に、講談社より出版された『親の姿 子の心』を底本に刊行したものである。その際著作権継承者の許可を得て、若干の文章の加減、文字の統一、表現の変更などを行った。

あとがきにかえまして

高田都耶子《たかだつやこ》
エッセイスト

ようこそ、『親の姿 子の心』をお手にお取り頂きまして。有難うございます。

『親の姿 子の心』は、「親の姿色に　子供の心は染まります」という父の言葉から取った題名です。子供の心というものは、親だけでなく、祖父の、祖母の、おじの、おばの、大人たちの……姿色に染まっていきますから、我々大人は、心せねばならないという戒めだと思います。

『親の姿 子の心』は、父 高田好胤の今の時代への遺言が詰まった書籍。私たちの背骨にもなってくれる訓《おし》えがぎっしり詰まっています。

父の『観音経法話』『観音経法話・偈頌《げじゅ》の巻』に続きまして、眠っておりました父の著作がまた出版となりました。喜ばしい限りです。

この『親の姿 子の心』は、かつて講談社より上梓されたもので、タイトルも良く、さらに内容が濃く、版が絶えてしまっていることが残念でならない一冊でありました。しかし、〝念ずれば花ひらく〟でございます。

大法輪閣編集部の黒神直也さんのお力添えでここに再刊の運びとなりました。ああ……、こんなことなら、父の存命中にも黒神さんの担当で「唯識学」の書籍でも出してもらいたかったなあと思う事しきりですが、父の没後十数年後にこうして、出版の労をとってもらえることこそ、御縁が深いのかもしれません。黒神さんは、この編集作業に携わる時に、父の語り口をなぞりながら文章を読むのだそうです。「管長さんの懐かしい関西弁の語り口に、リズムよく読めるのですよ」と嬉しそうでした。

大阪生まれで奈良育ちの父でしたが、或る時私にふと、

「お父ちゃまの言葉は、限りなく標準語に近いよって、みんな関西の人やと思うてくれてはるやろか」と心配そうにつぶやいたことがありました。「そりゃあお父ちゃま、杞憂《きゆう》にも程があります」と笑って答えたことがありました。昔、中国古代の杞の国の人が天が崩れ落ちてくるのではと無用の心配をしたことから「杞憂」という言葉が生まれたそうですが、父の話し方は、どこから聞いても関西弁でありました。父の悩みを今も思い出して

は、思わず微笑んでしまいます。

さて今年の夏、国立能楽堂の筋書きにエッセイを書くようにという光栄なる依頼を頂戴しました。父に相談する気持ちで、書棚から気の向くままに一冊を手に取り「お父ちゃま、何書かせてもらったらいいのん」とパラパラとページを捲《めく》ったのが、『親の姿 子の心』の初版でした。そしてふと手を止めたところが「日本の伝統」というページ。父の日本の伝統芸能についての蘊蓄《うんちく》が綴られていました。父の舞台好きは母親と、そして深浦正文師という父の龍谷大学時代からの恩師の影響です。師は仏教学の大家であるのみならず、芸能についてのご造詣も深かったそうで、講義の時も日本の伝統芸能のお話を織り交ぜて、難しい唯識の講義を和らげて下さったのでしょう。日本のお芝居その中には、仏教の思想が色濃く含まれていることを知ったのも、きっと師からのお導きであったと思います。

ところで私の能楽堂通いの馴れ初《そ》めは、「ねえ、素敵な人が出るから能楽堂に付き合ってくれない」と友人に誘われたことが発端でした。良い男ですって？という好奇心がきっかけだったなんて、高尚なる能楽に申し訳ない事ばかりです。友人と行った能楽堂は、通い慣れた歌舞伎の劇場とは異なり、張詰めた空気感がありました。心地よい緊張で心がきりりと引き締まる思いがしました。それがたまらなく好きになり、判らぬままに幾度か通うようになったものの、お恥ずかしい事に、時折コックリ〳〵とうたた寝してしまうのでした。そんな時或る本の中に、お能を鑑賞しながら寝てもいいんですよ。そのときこそが、至福の時でしょう……というような一文を見つけて、ぐっと気持ちが楽になりました。あの一言が私を能楽に近付けてくれたものです。判りもせぬにも「能楽が好きなのです」と偉そうに言えるのもあの一言の御蔭です。

お寺の住職だった父は、法話中に赤ちゃんが泣くと、周りに気兼ねしているお母さんに、「構いませんよ、赤ちゃんは〝毛穴で聞法《もんぽう》〟と言いますよって、皆さんと一緒に居させてもらって下さいな」と言っていました。赤ちゃんはお説教を耳でなく、毛穴で聞くのだそうす。それなら私も「毛穴で能楽」と大目に見て貰う事に決めました。

能楽堂への文章には、夏休みということで家族で鑑賞に来る人を意識して、結びにこんな事を書きました。

——理屈は抜きにして、先ず体験することが肝要。よく「国際人」という言葉を聞きますが、それは単に外国の言葉が上手に操《あやつ》れることだけではないはず。自分の国の伝統や文化をきちんと身につけてこそが真の国際人になりえる資格であり必須条件だと申し上げたい。私たちのご先祖様方が大事に育て繋いできて下さった宝を、私たちも大切に次世代に送らねばなりません。夏休みに能楽堂に連れて行って貰って、楽しかった、面白かった、また行きたい。そう思ってもらえたら嬉しいです。でももし「判らなくて詰まらなかった、長い時間辛かった」と記憶に残ったとしても、夏休みに家族と能を観たことが、いつかきっと人生の素晴らしい思い出に変わります。大人たちは子供だから判るまい、退屈だろうなどと思わずに、そういう機会をどんどん与えるべきです。『養いて教えざるは親の過ちなり』とは中国の古い言葉ですが、お父さんのみならず「養いて教えざるは親の過ち」とお母さん方も思し召していただいてはいかがでしょうか。

最初に申しましたように、「親の、祖父の、祖母の、おじの、おばの、大人たちの……姿色に、子供の心は染まっていく」のです。その事を、我々大人は覚悟せねばなりません。

『親の姿色に子供の心は染まります』から。

平成二十一年　盛夏

〝暑いお蔭でお米が出来るのです〟

という父の言葉を思い出しながら……

高田都耶子

高田　好胤（たかだ・こういん）

奈良・法相宗総本山薬師寺の第127代管長。

大正13年、大阪に生まれる。裕福な家に生まれたが父が亡くなり、昭和10年、11歳で薬師寺に入る。橋本凝胤管主（当時）に師事、修行の道を歩んだ。昭和21年、龍谷大学仏教学科卒業。昭和24年、薬師寺副住職就任。薬師寺を訪れた修学旅行生に対し、面白くわかりやすい語り口で仏の教えを説き、人気を集める。昭和42年、薬師寺管主就任。昭和43年、法相宗管長に就任。薬師寺は680年に天武天皇により建立された名刹だが、高田好胤師が管主に就任した頃は老朽化し、傷みがすすんでいた状態であった。好胤師は写経勧進により復興を目指し、昭和50年には100万巻を達成、金堂を復興、五年後には200万巻を越え、西塔も建立、伽藍整備に尽力した。

平成10年6月、遷化。生涯を通じての勧進数は650万巻を越えた。現在でも多くの人にその徳は慕われ続けている。

〈著書〉『薬師寺・好胤説法』（学生社）、『心』『道』『情』『まごころ説法』（徳間文庫）、『高田好胤「観音経」法話』、『続・高田好胤「観音経」法話―偈頌の巻』（大法輪閣）など多数。

〈CD　高田好胤〉『永遠なるものを求めて』『心の添え木』（ユーキャン）、『高田好胤　話の散歩道』（ソニーダイレクトミュージック）などがある。

写真提供・高田都耶子

親の姿 子の心―高田好胤法話選

平成21年9月11日　初版発行 ©

著　者　高　田　好　胤
発行人　石　原　大　道
印刷所　三協美術印刷株式会社
製　本　株式会社　若林製本工場
発行所　有限会社　大法輪閣
東京都渋谷区東2－5－36　大泉ビル2F
TEL　(03) 5466－1401(代表)
振替　00130－8－19番

ISBN978－4－8046－1289－8　C0015　　Printed in Japan